Naomi Bosch

Und dennoch pflanze ich einen Garten

Wie wir in der Umweltkrise Samen der Hoffnung säen

SCM

Stiftung Christliche Medien

SCM Hänssler ist ein Imprint der SCM Verlagsgruppe,
die zur Stiftung Christliche Medien gehört, einer gemeinnützigen
Stiftung, die sich für die Förderung und Verbreitung christlicher
Bücher, Zeitschriften, Filme und Musik einsetzt.

© 2023 SCM Hänssler in der SCM Verlagsgruppe GmbH
Max-Eyth-Straße 41 · 71088 Holzgerlingen
Internet: www.scm-haenssler.de · E-Mail: info@scm-haenssler.de

Lektorat: Mirja Wagner, lektorat-punktlandung.de
Gesamtgestaltung: Tami Donath, tamidonath.de
Druck und Bindung: Dimograf Sp. z o.o.
Gedruckt in Polen
ISBN 978-3-7751-6191-6
Bestell-Nr. 396.191

Naomi Bosch

Und *dennoch* pflanze ich einen Garten

Wie wir in der Umweltkrise Samen der Hoffnung säen

SCM

Hänssler

Für A Rocha,
eine Stimme für
Gottes Schöpfung,
die mich zum
Schreiben dieses
Buches befähigt hat

Prolog

Während ich diese Zeilen schreibe, sitze ich in einem Olivenhain in Kroatien, umgeben von jahrhundertealten Olivenbäumen. Dieser Olivenhain ist über die Jahre einer meiner liebsten Plätze geworden. Hier herrscht ein Friede, wie ich ihn nur selten finde. Die Bäume strahlen eine solche Würde, Freundlichkeit und Weisheit aus, dass ich mich unweigerlich zu ihnen hingezogen fühle. Dort, unter den Bäumen, scheinen die Uhren anders zu ticken, und ich genieße jede einzelne Minute, die ich hier verbringen darf.

Schon als kleines Mädchen bin ich durch die Wälder und über die Wiesen in unserer vorstädtischen Nachbarschaft in Zagreb gestreunt. Jeden freien Moment habe ich im Garten, am Bach, unter den Bäumen verbracht. Ich habe Insekten gesammelt, Vögel beobachtet und Pflanzen gepflückt. Mit großen, staunenden Augen habe ich den glitzernden Tau auf der Wiese in mein Herz aufgenommen. Ich habe junge Haselnüsse geknackt, den Frühlingsanfang gefeiert und tief, ganz tief, den wohligen Waldduft eingeatmet. Mit Freude und Übermut bin ich über Stock und Stein gerannt und habe diese riesige, wunderschöne und unergründliche Welt mit meinen kleinen Armen empfangen. Mit der Zeit entwickelte sich aus dieser Leidenschaft zur Natur ein Lebensstil: einfach, naturverbunden, großzügig und dankbar, mit einem wachsenden Bewusstsein für die Auswirkungen, die meine alltäglichen Entscheidungen auf unsere Umwelt haben.

Heute, viele Jahre später, hat sich daran nicht viel geändert. Noch immer spaziere ich regelmäßig durch Olivenhaine und Wälder. Dabei beginne ich jedes Mal ganz natürlich, mit Gott, meinem Schöpfer, Vater und Freund, zu reden. Während ich unter den Bäumen entlanggehe, beobachte ich die Schönheit um mich herum. Hier bin ich zu Hause, hier fühle ich mich wohl. Fast schon könnte ich vergessen, wie die Realität um mich herum wirklich aussieht. Vergessen, dass die Welt aus den Fugen geraten ist. Doch ein Blick genügt …

Die Medien sind voller erschreckender Schlagzeilen, immer wieder ist vom Klimawandel die Rede, von immer häufiger auftretenden Waldbränden, Stürmen und Überschwemmungen. Und über allem schwebt wie ein bedrohliches Unwetter das Artensterben – mit derzeit unabsehbaren Folgen. Wir leben, so scheint es, auf einem sinkenden Schiff. Wie wird die Welt wohl in fünf, zehn, fünfzig Jahren aussehen?

Was für eine Zukunft hinterlassen wir den Generationen, die nach uns kommen? Um ehrlich zu sein: Hin und wieder frage ich mich, ob ich überhaupt mal Kinder haben möchte.

Was empfindest du, wenn du einen Blick in die Welt wirfst? Fragst du dich, wie du angesichts dieser Krise ein sinnvolles und erfülltes Leben führen kannst? Ob die Welt überhaupt noch zu retten ist?

Glaub mir, ich kenne diese Sorgen und Gedanken. Es erfüllt mich mit tiefer Trauer, wenn ich erlebe, was mit Gottes Schöpfung passiert. Ich verspüre Unverständnis und Wut, wenn ich sehe, wie unsere wunderschöne Welt zerstört, ausgenutzt und geplündert wird. So manche Träne habe ich schon über dem Unheil und dem Leiden der Natur vergossen, und mit jeder Träne wird mir zunehmend bewusst, wie sehr wir alle Teil des Problems sind. Das System, das unsere Welt kaputt macht, wurzelt in unseren Herzen, und dennoch fühlen wir uns so oft machtlos, etwas daran zu ändern.

In den letzten Jahren spüre ich jedoch neben meiner eigenen Trauer auch immer öfter Gottes Trauer, die er empfinden muss, wenn er seine Schöpfung und all das Leid der Welt betrachtet. Gleichzeitig weiß ich aber, dass er sich trotzdem unbändig über das, was er geschaffen hat, freut. Und so ist dieses Buch eine Liebeserklärung an Gott und seine Welt und alles, was auf ihr lebt. Gleichzeitig soll es Mut machen und Wege aufzeigen, um in all der Zerstörung eine hoffnungsvollere Zukunft zu erkunden. Womöglich werden dich die Zerstörung und die Vergänglichkeit der Welt an vielen Stellen im Buch traurig machen oder dir vielleicht sogar Angst einjagen. Aber über allem steht die Hoffnung, dass Gott immer noch Geschichte mit uns schreiben möchte. Er gibt seine gute Schöpfung niemals auf. Gerechtigkeit und Liebe haben immer das letzte Wort. Deswegen ist dieses Buch zu guter Letzt auch eine Kraftquelle, um aus Liebe zu Gott und seiner Welt unser Leben zu gestalten.

Vielleicht fragst du dich gerade auch, was der Glaube an Gott mit dem Zustand unserer Erde zu tun hat. Nun, sehr viel. Denn die Hoffnung, die ich mit diesem Buch verbreiten möchte, ist keine billige Hoffnung – nein, sie ist teuer erkauft worden!

Sie hat etwas mit einem Olivenhain in Israel zu tun, damals, vor 2 000 Jahren. In diesem Olivenhain, mit seinen ehrfurchtsgebietenden alten Bäumen, muss die Gegenwart Gottes ganz deutlich spürbar gewesen sein. Doch gleichzeitig war er der Ort, an dem der Sohn Gottes tiefste Angst empfand und unglaublichen Schmerz ertrug. Der Ort, an dem Weltgeschichte geschrieben wurde. Der Ort, der für mich Frieden und Schönheit, Zorn und Leid symbolisiert. Der Ort, den auch noch unsere Kinder und Enkelkinder – bildlich und buchstäblich – in seiner Pracht erleben sollen.

Darum lass uns gemeinsam erkunden, wie dieses Drama im Olivenhain mit deiner, meiner und Gottes Geschichte zusammenhängt und was das alles für ein Leben inmitten der Umweltkrise bedeuten kann. Entdecke mit mir gemeinsam auf den folgenden Seiten Samen der Hoffnung für unseren wunderschönen Planeten.

Natürlich müssen wir, bevor wir uns auf die Suche begeben, erst mal verstehen, wie es überhaupt so weit kommen konnte. Denn nur wenn wir begreifen, wo der eigentliche Kern des Problems liegt, können wir auch anfangen, es zu lösen. Aber wir wollen an diesem Punkt nicht stehen bleiben, sondern weiterfragen: Wie kann wahre, nachhaltige, radikale Veränderung passieren? Wie kann eine gute Zukunft gelingen? Und damit das Ganze auch praktisch wird, wollen wir im dritten Teil des Buches schauen, was all das für uns persönlich bedeuten kann.

> Begleitest du mich auf der Suche nach Samen der Hoffnung inmitten der Umweltkrise?

Teil 1
Zum Ursprung

Our house is on fire

Es ist der 25. Januar 2019. In Davos, einem malerischen Städtchen in den Schweizer Alpen, sitzen einflussreiche Menschen aus Politik und Wirtschaft in förmlicher, dunkler Kleidung auf dem Podium des Konferenzsaals des Weltwirtschaftsforums. Nur eine Person hebt sich aus der Masse hervor: ein kleines, hell gekleidetes Mädchen mit Zöpfen. Gebannt schaut die Welt zu, während die damals sechzehnjährige Greta Thunberg ihre kurze Rede hält. Ihre abschließenden Worte haben Kraft. Mit ernster, klarer Stimme verkündet sie:

> Ich will nicht eure Hoffnung. Ich möchte nicht, dass ihr hoffnungsvoll seid. Ich will, dass ihr in Panik verfallt. Ich will, dass ihr die Angst spürt, die ich jeden Tag spüre, und dann will ich, dass ihr handelt. Ich will, dass ihr handelt wie in einer Krise. Ich will, dass ihr handelt, als ob euer Haus in Brand stünde.
> Denn das tut es.[1]

In Windeseile verbreitet sich die eindrückliche Rede dieser unscheinbaren schwedischen Schülerin auf der ganzen Welt. Aus Greta Thunbergs Worten schreien uns Verzweiflung und Wut entgegen. Verzweiflung über den unaufhaltsamen Klimawandel und Wut über die tatenlos zuschauenden Mächtigen der Welt. Weitermachen wie bisher ist keine Option. Panik und Angst ist angesagt, nicht Hoffnung!

Vermutlich hast du diese Wut und Verzweiflung auch schon gespürt. Denn die Auswirkungen des Klimawandels sind nicht mehr zu übersehen. Erst im Sommer 2021 erlebten wir, wie weite Teile Deutschlands von extremen Regenfällen und Überschwemmungen heimgesucht wurden. Ganze Regionen waren überschwemmt. Menschen standen plötzlich vor den Trümmern ihrer Existenz, vermissten oder trauerten um ihre Lieben.[2]

[1] G. Thunberg (2019), Our House Is On Fire! (Transkript), World Economic Forum 2019. youtube.com/watch?-v=M7dVF9xylau.

[2] IPCC (2021), Summary for Policymakers. In: Climate Change 2021: The Physical Science Basis. Contribution of Working Group I to the Sixth Assessment Report of the Intergovernmental Panel on Climate Change (V. Masson-Delmotte, P. Zhai, A. Pirani, S.L. Connors, C. Péan, S. Berger, N. Caud, Y. Chen, L. Goldfarb, M.I. Gomis, M. Huang, K. Leitzell, E. Lonnoy, J.B.R. Matthews, T.K. Maycock, T. Waterfield, O. Yelekçi, R. Yu and B. Zhou [Hrsg.]), Cambridge University Press, In Press.

[3] NIFC (National Interagency Fire Center) (2021), Total wildland fires and acres (1983–2020), abgerufen am 18.09.2021. nifc.gov/fireInfo/fireInfo_stats_totalFires.html.

[4] UNEP (2016), Unlocking the Sustainable Potential of Land Resources: Evaluation Systems, Strategies and Tools. A Report of the Working Group on Land and Soils of the International Resource Panel, J.E. Herrick, O. Arnalds, B. Bestelmeyer, S. Bringezu, G. Han, M.V. Johnson, D. Kimiti, Yihe Lu, L. Montanarella, W. Pengue, G. Toth, J. Tukahirwa, M. Velayutham, L. Zhang.

Im gleichen Sommer erlebte der Westen Kanadas und der USA ein Jahrtausendereignis ganz anderer Art. Die Hitzewelle brach einen Temperaturrekord nach dem anderen, begleitet von häufigen Waldbränden und Dürren. Hunderte Menschen fanden in diesem Sommer aufgrund der extremen Hitze den Tod.[3]

Im Sommer 2022 überrollte dann Pakistan eine Flut, die über zwei Millionen Menschen obdachlos zurückließ und mehr als 1700 Menschen umbrachte.[4]

Lass uns nicht bei Tränen und Wut stehen bleiben, sondern trotz allem mutig und offenen Herzens der Realität ins Auge blicken.

Wenn ich diese Nachrichten lese oder solche Tragödien um mich herum beobachte, werde ich ehrlich gesagt auch wütend, traurig und angstvoll. Wie sollen wir aufgrund solcher Ereignisse gleichgültig bleiben? Was ist das für eine Zukunft, die vor uns liegt? Was für ein Leben erwartet uns, wenn der Klimawandel weiter seinen Lauf nimmt, während unsere Politikerinnen und Politiker über Geld und Klimapolitik streiten, anstatt zu handeln?

Ist Greta Thunberg so etwas wie eine moderne Prophetin? Sollten wir ihr Credo übernehmen und Panik, Wut und Angst schüren, damit die Welt endlich aufwacht? Oder verkündet Greta Thunberg hier eine neue „Klima-Religion", von der wir Abstand halten sollten?

Tatsache ist: Wenn wir uns die Faktenlage anschauen, gibt es tatsächlich allerhand Grund zur Panik. Jeder, der mit offenen Augen und Ohren durch die Welt geht, wird bestürzt sein. So liefen auch mir beim Recherchieren und Schreiben dieses Buches mehr als einmal Tränen übers Gesicht. Vielleicht geht es dir da ähnlich wie mir, wenn du dir die Lage der

Welt vor Augen führst. Aber lass uns nicht bei Angst und Wut stehen bleiben, sondern trotz allem mutig und offenen Herzens der Realität ins Auge blicken. Denn nur so können wir uns gemeinsam auf die Suche nach Hoffnung machen. Glaube mir, wenn wir genau hinschauen, werden wir überall um uns herum Samen der Hoffnung finden ... Aber vorher müssen wir uns den Zustand unseres Planeten genauer anschauen.

Eine Bestandsaufnahme

Weiße Weihnachten – Schnee von gestern!?

Das Problem des Klimawandels ist kein neues. Im Gegenteil: Es ist schon seit Jahrzehnten bekannt. Jedes Kind hört in der Schule von Treibhausgasen und schmelzendem Polareis. Und trotzdem sind wir weit davon entfernt, die notwendigen Klimaziele zu erreichen. Ein Rekordsommer reiht sich an den nächsten, Jahreszeiten kommen zunehmend durcheinander, Überschwemmungen, Tsunamis, Stürme und Waldbrände gehören langsam zur Tagesordnung. Und selbst so junge Menschen wie ich können trotz ihrer kurzen bisherigen Lebensspanne beobachten, wie sich das Klima erwärmt. Schlittschuhlaufen auf dem See und weiße Weihnachten? Alles Schnee von gestern.

Klar ist: Das Klima erwärmt sich kontinuierlich. Jedes der vergangenen vier Jahrzehnte war wärmer als alle vorangehenden seit 1850. Die globale Temperatur zwischen 2011 und 2020 war 1.09 °C höher als zwischen 1850 und 1900. Hitzewellen, Waldbrände und andere Wetterextreme sind seit den 1950er-Jahren häufiger geworden. Mittlerweile gibt auch keinen Zweifel mehr daran, dass wir Menschen den Klimawandel verursacht haben.[5]

Wie sich die Folgen des Klimawandels anfühlen, müssen die Bewohnerinnen und Bewohner Kaliforniens seit einigen Jah-

[5] Statistisches Bundesamt (2021), Pressemitteilung Nr. 209 vom 30. April 2021. Online verfügbar unter: destatis.de/DE/Presse/Pressemitteilungen/2021/04/PD21_209_412.html, abgerufen am 03.09.2021.

[6] Bundesregierung (2016), *Deutsche Nachhaltigkeitsstrategie, Neuauflage 2016, Entwurf, Nachhaltigkeitsstrategie 2016*, Berlin. Online verfügbar unter: bundesregierung.de/resource/blob/975274/214552/bc6c3313d40dd1da06073 2d1631067 7a/2016-05-31-download-nachhaltigkeitsstrategie-entwurf-data. pdf?download=1, abgerufen am 03.09.2020.

[7] Umweltbundesamt (2017), *Zu viel Dünger: Trinkwasser könnte teurer werden*. Online verfügbar unter: umweltbundesamt.de/presse/pressemitteilungen/zu-viel-duenger-trinkwasser-koennte-teurer-werden, abgerufen am 03.09.2021.

ren am eigenen Leib erfahren. Waldbrände gab es in diesem US-Staat zwar schon immer, aber laut einem UN-Bericht aus dem Jahr 2022 werden Waldbrände immer häufiger und stärker.[6] Solche Krisen sind offensichtlich und können dramatisch für Mensch und Tier enden. Es gibt aber auch andere Krisen, wie den Bodenverlust, die man beinahe übersehen könnte, wären sie nicht solch eine Gefahr für unser Überleben.

Wir verlieren den Boden unter unseren Füßen

Unsere Böden sind die Grundlage für jegliche Lebensmittelproduktion. Fehlt uns gesunder, fruchtbarer Boden, ist auch unsere Ernährungssicherheit bedroht.

Boden entsteht allerdings ausgesprochen langsam. In der Bodenkunde-Vorlesung gab uns Dr. Peter Leinweber, Professor für Bodenkunde an der Universität Rostock, damals ein einfaches Rechenbeispiel an die Hand, damit wir uns eine Vorstellung davon machen konnten, von welchen Zeitspannen wir bei der Bodenbildung sprechen: Die nacheiszeitlichen Bodenbildungen reichen in Norddeutschland ungefähr 150 Zentimeter tief, also 1500 Millimeter, und die Zeitperiode ist grob gesagt 10 000 Jahre. Daraus folgt, dass in einem Jahr im Schnitt nur 0,15 Millimeter Boden entstehen! Ich erinnere mich noch genau, mit welcher Leidenschaft uns Professor Leinweber damals davon erzählte.

Leider können Jahrtausende der kontinuierlichen Bodenbildung innerhalb kürzester Zeit zunichtegemacht werden. Jahr für Jahr tragen laut UN-Bericht Wind und Wasser weltweit rund 24 Milliarden Tonnen fruchtbaren Boden davon.[7]

Auch in Deutschland „hat das Ausmaß der Erosion in den letzten Jahrzehnten zugenommen, insbesondere durch Ausweitung des Maisanbaus", schreibt Professor Leinweber mir in einer E-Mail. „Mais mit weitem Reihenabstand und der

Bearbeitung in der Frühjahrs- bis Frühsommerperiode setzt den erosiven Kräften, wie intensiven Regenfällen und starken Winden, kaum etwas entgegen. Diese Erosionsereignisse sind durch den Klimawandel wiederum auch intensiver geworden. Hinzu kommt, dass die landwirtschaftlichen Maschinen eher schwerer als leichter geworden sind und die daraus resultierende Bodenverdichtung die Wassererosion fördert."[8]

Erosion, Versiegelung und Bodenverdichtung, begünstigt durch allzu sorglosen Umgang mit unserem wichtigsten landwirtschaftlichen Gut, stehlen uns und allen kommenden Generationen buchstäblich die Lebensgrundlage. Schon jetzt ist rund ein Drittel der Böden weltweit degradiert.[9]

Schlussendlich bleibe die Bodenverbesserung beziehungsweise die Regeneration eines degradierten Bodens „eine Generationsaufgabe", so Leinweber. Doch das „Hauptproblem in Bezug auf Boden in Deutschland ist schlichtweg der Bodenverlust durch Versiegelung"[10]. Laut Statistischem Bundesamt fallen deutschlandweit jeden Tag im Schnitt 52 Hektar Boden neuen Siedlungs- und Verkehrsflächen zum Opfer.[11] Darüber hinaus benutzen wir in der Landwirtschaft auch weiterhin zu viel Düngemittel, mit schwerwiegenden Folgen für die Gesellschaft, Wirtschaft und Umwelt, insbesondere aber für unsere Gewässer.

Gedüngtes Trinkwasser ist teuer

„Hier, aus dieser Quelle, haben wir früher unser Trinkwasser abgeleitet", erklärt mir meine Großmutter mit einer Geste in Richtung eines unscheinbar wirkenden Steinhaufens. Während eines Spaziergangs mit ihr wird mir schmerzlich die Tragweite der Überdüngung bewusst. Ihr Heimatort mit dem heute fast schon ironisch klingenden Beinamen „Stadt der Brunnen" bekommt sein Trinkwasser nun aus einer Nachbarstadt, denn die eigenen Wasserreserven können aufgrund der zu hohen Nitratwerte nicht mehr als Trinkwasserquelle benutzt werden.

[8] De Souza Machado et al. (2018), Microplastics as an Emerging Threat to Terrestrial Ecosystems (ncbi.nlm.nih.gov/pubmed/29245177).

[9] Roland Geyer, Jenna R. Jambeck, and Kara Lavender (2017), Law, Production, Use, and Fate of All Plastics Ever Made, (advances.sciencemag.org/content/3/7/e1700782).

[10] Ellen MacArthur Foundation and New Plastic Economy (2017), The new plastics economy: rethinking the future of plastics & catalysing action, (www.ellenmacarthurfoundation.org/assets/downloads/publications/NPEC-Hybrid_English_22-11-17_Digital.pdf).

[11] Secretariat of the Convention on Biological Diversity (2020), Global Biodiversity Outlook 5 – Summary for Policy Makers, Montréal.

[12] C.A. Hallmann, M. Sorg, E. Jongejans, H. Siepel, N. Hofland, H. Schwan et al. (2017), More than 75 percent decline over 27 years in total flying insect biomass in protected areas. In: PloS one 12 (10), e0185809. DOI: 10.1371/journal.pone.0185809.
[13] WWF (2018), Living Planet Report – 2018, Aiming Higher, M. Grootenand R.E.A. Almond (Hrsg.), WWF, Gland, Switzerland. Online verfügbar unter: c40227.ssl.cf1.rackcdn.com/publications/1187/files/original/LPR2018_Full_Report_Spreads.pdf, abgerufen am 03.09.2021.
[14] D.U. Hooper, F. S. Chapin, J.J. Ewel, A. Hector, P. Inchausti, S. Lavorel et al. (2005), Effects Of Biodiversity On Ecosystem Functioning: A Consensus Of Current Knowledge. In: Ecological Monographs 75 (1), S. 3–35. DOI: 10.1890/04-0922.

Stickstoff ist ein essenzieller Nährstoff für alle Pflanzen. Er befindet sich natürlicherweise in tierischen Düngemitteln wie Gülle und Mist. Aber um das Pflanzenwachstum zusätzlich anzukurbeln, wird Stickstoff seit dem 20. Jahrhundert auch industriell hergestellt. Leider führte der Überfluss an Düngemitteln zu einem viel zu hohen Einsatz in der Landwirtschaft. Der überschüssige Stickstoff wird in Form von Nitrat ins Grundwasser und in umliegende Gewässer ausgewaschen.

Obwohl das Problem der Stickstoffauswaschung schon seit Jahrzehnten bekannt ist, gelangen immer noch jährlich viel zu große Mengen an synthetischem Stickstoff und Gülle auf unsere Böden – und somit auch in unsere Gewässer und unsere Wasserhähne. Die Nachhaltigkeitsstrategie der Bundesregierung sieht für das Jahr 2030 einen maximalen Stickstoffüberschuss von 70 Kilogramm je Hektar vor (also die Menge an Stickstoff, die über dem eigentlichen Bedarf liegen darf!).[12] Doch voraussichtlich wird nicht einmal dieser Wert erreicht. Die daraus resultierenden zu hohen Nitratwerte im Grundwasser bringen ihre eigenen Gefahren für Mensch und Umwelt mit sich. Nitrat kann im Körper in krebserregende Stoffe umgewandelt werden, während es in Gewässern das natürliche Gleichgewicht zerstört. Dazu kommt, dass die Reinigung von nitratbelastetem Grundwasser teuer ist. Das Umweltbundesamt schätzt, dass die Grundwasseraufbereitung zwischen 580 und 767 Millionen Euro pro Jahr kosten kann.[13]

> Wenn etwas außer Balance gerät, leiden alle anderen mit.

Mensch, Land, Wasser, Biodiversität und Wirtschaft – letztendlich hängt alles miteinander zusammen. Wenn etwas außer Balance gerät, leiden alle anderen mit. Auch unser Plastikkonsum hat mittlerweile alle denkbaren Grenzen überschritten.

Ein Meer aus Plastik ...

Rund ein Drittel allen Plastikabfalls landet heute in der Natur. Allein im Jahr 2016 wurden somit 100 Millionen Tonnen Plastikmüll in der Umwelt entsorgt.[14]

Ein Kunststoff, den unsere Großeltern kaum kannten, ist für uns heute Alltag. Es vergeht kaum ein Handgriff, ohne dass wir Einwegplastik benutzen. Nur rund ein Viertel des Plastiks wird heute wieder genutzt.[15] Und es kann Hochrechnungen zufolge bis zu einige Hundert Jahre dauern, bis Plastik abgebaut ist. Tatsächlich haben wir aber keine endgültige Antwort auf die Frage, wie lange es wirklich dauert, bis Plastikmüll zersetzt ist oder ob es überhaupt jemals vollständig abgebaut wird.

Wie die Meeresbiologin des BUND-Meeresschutzbüros, Dr. Dorothea Seeger, aufzeigt, wird Plastik erst seit den 1950er-Jahren industriell hergestellt. Zahlen zur Lebensdauer verschiedener Plastikarten sind somit eigentlich nur Schätzungen. „Letzen Endes kann es auch sein, dass das Plastik eigentlich nur in kleinere Stücke zerfällt und dann nicht mehr zu sehen ist, aber trotzdem noch als Mikroplastik vorhanden ist", erklärt Dr. Seeger, die ehrenamtlich auch im Meeresteam der christlichen Naturschutzorganisation A Rocha tätig ist. „Somit ist das Problem nicht weg, sondern einfach nur woanders."[16] Ein Problem, das heute allgegenwärtig ist und eines Berichts des Alfred-Wegener-Instituts zufolge mindestens 2144 Tier-, Pflanzen- und Mikrobenarten beeinflusst.[17]

„Es kann einerseits sein, dass Tiere Plastikstücke mit Nahrung verwechseln und fressen", erläutert Dr. Seeger, „oder das Tier kann sich darin verstricken oder verheddern." Das Resultat: bis zu drei Mal höhere Sterblichkeitsraten bei den betroffenen Tierarten. „Und natürlich haben wir bei Mikroplastik die Problematik, dass es sich in der Nahrungskette anreichert."[18]

Mikroplastik, ein Sammelbegriff für die winzigen Partikel, die unter anderem bei der Zersetzung von Plastik entstehen, ist einerseits eine Belastung für die Tiere, welche diese

[14] Bundesamt für Naturschutz, Häufige Fragen zur „biologischen Vielfalt" oder „Biodiversität". Online verfügbar unter: biologischevielfalt.bfn.de/infothek/biologische-vielfalt/faq.html#c120228, abgerufen am 03.09.2021.

[15] FAO (2011), Global Food Losses and Food Waste. Extent, Causes and Prevention.

[16] United Nations Environment Programme (2021), Food Waste Index Report 2021, Nairobi.

[17] T. Schmidt, F. Schneider, D. Leverenz, G. Hafner (2019), Lebensmittelabfälle in Deutschland – Baseline 2015, Braunschweig, Johann Heinrich von Thünen-Institut, 79 p, Thünen Rep 71. DOI: 10.3220/REP1563519883000.

[19] FAO, IFAD, UNICEF, WFP and WHO (2021), The State of Food Security and Nutrition in the World 2021. Transforming food systems for food security, improved nutrition and affordable healthy diets for all, Rome, FAO. doi.org/10.4060/cb4474en.

[20] UNICEF (2021): Weltwassertag 2021, 10 Fakten über Wasser. Online verfügbar unter: unicef.de/informieren/aktuelles/blog/weltwassertag-2021-zehn-fakten-ueber-wasser/172968, abgerufen am 03.09.2021.

[21] Labfresh (2016), The Fashion Waste Index. Online verfügbar unter abfresh.eu/pages/fashion-waste-index, abgerufen am 03.09.2021.

[22] Vgl. Ellen MacArthur Foundation and Neu Plastic Economy, The new plastics economy: rethinking the future of plastics & catalysing action, 2017.

im Magen haben. Andererseits werden damit auch Giftstoffe aufgenommen, die vielen Kunststoffen beigemengt sind. Plastikteile verhalten sich nämlich wie „Magnete" für verschiedenste Krankheitskeime und Gifte, die, wie Dr. Seeger erklärt, „im Wasser in niedriger Konzentration vorkommen und ungefährlich sind",[19] sich aber in Plastik so stark anreichern können, dass sie am Ende in hohen Mengen von den nichts ahnenden Meeresbewohnern aufgenommen werden. Gleiches gilt auch für uns Menschen, die wir über die Ernährung und verschiedenste Umwelteinflüsse wöchentlich etwa 5 Gramm Plastik aufnehmen.[20]

Schlussendlich hängen die verschiedenen Krisenherde in unserer Umwelt alle zusammen und befeuern weiter den Brand an unserem gemeinsamen Zuhause. „Plastik wird aus Erdöl gewonnen", zieht Dr. Seeger wieder die Parallele zum Klimawandel. „Sowohl bei der Herstellung als auch bei der Verbrennung von Plastik wird CO2 frei"[21] – und der Teufelskreis nimmt weiter seinen Lauf. Derweil ist beim Drama unserer Fischbestände auch noch keine Besserung in Sicht.

… und ein leer gefischter Ozean

Wenn sich nichts ändert, wird bis 2025 in den Ozeanen auf alle 3 Tonnen Fisch jeweils 1 Tonne Plastik kommen.[22] Bis 2050 könnte es in unseren Gewässern dann mehr Plastik als Fische geben! Wir haben unsere Fischbestände leer gefischt und unsere Meere mit Plastik gefüllt.

Josip Ćukić ist seit fünfzehn Jahren Berufsfischer an der istrischen Küste in Kroatien. „Das ist nicht sehr lange", erklärt der groß gewachsene, grauhaarige Mann. Aber wenn er mit seinem kleinen Fischerboot vor seinem Heimatstädtchen Umag auf die Adria rausfährt, führt er jede Bewegung routiniert und geschickt aus. War der Fang erfolgreich, steht er am nächsten Morgen mit seinem Boot im Hafen und verkauft seinen Fisch. Wenn ich zu Besuch bei meiner Familie in Istrien bin, gehört ein Abstecher zu seinem Fischerboot unbedingt dazu.

„Welchen Fisch kannst du mir heute empfehlen?", frage ich ihn dann gerne. Hier wird fröhlich miteinander geplaudert und jeder Stammkunde wird freundlich beim Namen begrüßt.

Kleine Berufsfischer wie Josip gibt es in Kroatien aber immer weniger. Einer der Hauptgründe: Der Fisch geht aus. „Wir alle merken, dass der Fischbestand stark gefallen ist. Es gibt viel weniger Fische als noch vor fünf, sechs Jahren", erklärt der Fischer und ergänzt später, dass viele seiner Kollegen in dieser Situation am Verzweifeln sind.

Das Resultat jahrelanger Bemühungen, die verbliebenen Fischbestände zu retten sowie die Existenz der Fischerinnen und Fischer zu sichern, ist ernüchternd. Schon in den 1990er-Jahren wurden weltweit Ziele für den nachhaltigen Umgang mit Fischressourcen und den Schutz der Meeresökosysteme festgelegt, doch keines der Versprechen wurde vollständig eingehalten. Im Jahr 2020 war ein Drittel der globalen Fischbestände überfischt, sogar noch mehr als vor zehn Jahren![23] Noch dramatischer als bei den Fischen sieht es allerdings bei den Insekten aus.

[23] Vgl. Secretariat of the Convention on Biological Diversity, Global Biodiversity Outlook 5 –Summary for Policy Makers, Montréal 2020.

Wird der stumme Frühling Wirklichkeit?

„Hier sind sie also", dachte ich und starrte dabei wie gebannt auf das summende und schwirrende Feld vor mir. Ich erinnere mich noch gut an jenen sonnigen Nachmittag im Mai 2019. Ich stand auf der agrarwissenschaftlichen Versuchsfläche meiner Universität in Rostock und beobachtete fasziniert das rege Schauspiel vor meinen Augen. Bienen, Schmetterlinge, Hummeln und Fliegen unterschiedlichster Art brummten und flogen in einem Wirrwarr an Farben und Geräuschen über das bunte Getreidefeld vor mir. Blaue Kornblumen und tiefroter Klatschmohn bildeten kontrastreiche Farbtupfer auf dem Versuchsfeld. Und plötzlich verstand ich, wo sich die wenigen noch übrig gebliebenen Insekten tummelten. Denn dass es der Insektenwelt nicht gut geht, war nicht nur mein subjektiver Eindruck, so viel wusste ich.

Erschreckende neue Erkenntnisse und Zahlen gingen damals durch alle Medien. So rüttelte eine Studie aus dem Jahr 2017 Deutschland und die Welt gründlich auf. Forschende aus Krefeld zeichneten über einen dreißigjährigen Zeitraum einen Rückgang von über 75 Prozent der Insekten-Biomasse auf – und das in Naturschutzgebieten![24]

Das Insektensterben stellt sogar den besorgniserregenden WWF-Bericht über den Zustand der Wildtierpopulationen in den Schatten.

Das Aus für Wildtiere

Die Naturschutzorganisation WWF berichtet, dass wir zwischen 1970 und 2016 einen Rückgang der Wildtierpopulationen um 60 Prozent erlebt haben.[25] Welche Folgen solch ein schwindelerregender Schwund der Artenvielfalt noch haben wird, wissen wir nicht. Tatsache ist, dass Artenreichtum für gesunde, funktionierende Ökosysteme notwendig ist. Fakt ist auch, dass vor allem der Mensch für den aktuellen Verlust der Artenvielfalt verantwortlich ist.[26] In der Natur ist es normal, dass immer wieder Arten aussterben. Doch die momentane Rate des Artensterbens ist hundert- bis tausendfach so hoch wie die natürliche Aussterberate. Zudem steigt laut Weltnaturschutzunion die Anzahl der vom Aussterben bedrohten Arten Jahr für Jahr an – ohne dass ein Wendepunkt in Sicht wäre.[27]

Artenreichtum ist für gesunde, funktionierende Ökosysteme notwendig.

24 Vgl. C. A. Hallmann et al., More than 75 percent decline over 27 years in total flying insect biomass in protected areas. In: PLOS ONE 12 (10), 2017.
25 Vgl. WWF, (2018), Living Planet Report – 2018: Aiming Higher, M. Grooten and R. E. A. Almond (Hrsg.), WWF, Gland, Switzerland.
26 Vgl. D. U. Hooper et al., Effects Of Biodiversity On Ecosystem Functioning: A Consensus Of Current Knowledge. In: Ecological Monographs 75 (1), 2005, S. 3–35.
27 Vgl. http://cmsdocs.s3.amazonaws.com/summarystats/2017-1_Summary_Stats_Page_Documents/2017_1_RL_Stats_Table_1.pdf.

Während unsere Wildtierpopulationen kontinuierlich schwinden, spielt sich auf unseren Feldern, in unseren Kühlschränken und auf unseren Tellern eine weitere Tragödie ab.

Brot für die Tonne

Es ist Winter. Durch die dunklen Straßen Rostocks weht ein kalt-feuchter Wind. Alle, die bei diesem Wetter noch unterwegs sind, eilen so schnell wie möglich nach Hause.

Nur in einer kleinen Seitenstraße sind ein paar Menschen im Schein der Laternen um einen Holzschrank versammelt. Mit Taschenlampen leuchtet jeder in die Kisten und den Schrank und steckt sich Obst, Gemüse, Brot und so manch andere Köstlichkeit in den Rucksack.

Bei dem Gedanken, dass all diese wunderbaren, noch genießbaren Lebensmittel sonst in der Mülltonne gelandet wären, schaudere ich. Umso dankbarer bin ich für unseren „Fairteiler" und die ehrenamtlich Helfenden, die diesen täglich neu bestücken. Dieser unscheinbare Schrank in einer Seitenstraße Rostocks ist einer von Hunderten „Fairteilern" in ganz Deutschland, mit deren Hilfe aussortierte Lebensmittel aus Supermärkten gerettet werden.

Wir tauschen an dem nasskalten Abend noch ein paar Worte an unserem „Fairteiler" aus und freuen uns über unseren „Fang". Dann schwingt sich jeder auf sein Fahrrad oder macht sich zu Fuß auf den Nachhauseweg. Leider finden bei Weitem nicht alle aussortierten Lebensmittel solch ein glückliches Ende.

Rund ein Drittel aller produzierten Lebensmittel landet heute im Müll, schätzt die Ernährungs- und Landwirtschaftsorganisation der Vereinten Nationen (FAO).[28] Laut UN-Bericht wurden 2019 weltweit rund 931 Millionen Tonnen Lebensmittel weggeworfen.[29]

Wer trägt die größte Verantwortung für diese enorme Verschwendung an Lebensmitteln? Das Thünen-Institut fand

[28] Vgl. FAO, Global Food Losses and Food Waste. Extent, Causes and Prevention, 2011: fao.org/sustainable–food-value–chains/library/details/en/c/266053/.

[29] Vgl. United Nations Environment Programme, Food Waste Index Report 2021, Nairobi 2021.

23

im Auftrag des Bundesernährungsministeriums im Jahr 2015 heraus, dass 52 Prozent der Lebensmittelabfälle aus privaten Haushalten stammen! Demnach wirft die bzw. der durchschnittliche Deutsche jedes Jahr etwa 75 Kilogramm Lebensmittel in den Müll.[30]

Einmal auf der Müllhalde, entsteht durch die Essensreste Methan, ein Treibhausgas, das achtundzwanzig Mal stärker auf den Klimawandel wirkt als CO_2. Und natürlich mussten all diese Lebensmittel auch hergestellt werden. Landwirtschaft kostet viel Kraft, Energie und Mühe. Jeder, der mal bei der Ernte mitgeholfen oder auch nur sein Glück mit Gemüse und Obst im eigenen Garten versucht hat, kann das bestätigen. All diese Mühe und eingesetzte Energie waren umsonst, wenn die Lebensmittel am Ende nicht auf unseren Tellern landen. Das ist nicht nur ungerecht und unethisch, sondern befeuert weiter den Klimawandel. Emissionen durch die Lebensmittelverschwendung stellen somit ganze 8 bis 10 Prozent der weltweiten Treibhausgasemissionen dar![31] Gleichzeitig ist das Problem des Hungers in der Welt längst noch nicht Geschichte.

Hunger und Durst nach Gerechtigkeit

Hast du dich auch schon mal gefragt, was Jesus meinte, als er sagte: „Freut euch, die ihr jetzt Hunger habt! Gott wird euch satt machen" (Lukas 6,21)?

Ich kann natürlich nicht sagen, was er damit genau gemeint hat, aber Jesus wusste schon damals, im 1. Jahrhundert, dass das Leid auf dieser Welt unermesslich sein kann. Ich glaube, es bricht Gott das Herz, all die Not unter seinen Geschöpfen zu sehen. Die Erderwärmung, die durch die Reichen der Welt verursacht wurde (dazu gehören auch wir), lässt die Armen, die am wenigsten dazu beigetragen haben, am meisten leiden. Ein Oxfam-Bericht zeigt, dass das reichste 1 Prozent (63 Millionen Menschen) zwischen 1990 und 2015 doppelt so viel kli-

[30] Vgl. T. Schmidt et al., Lebensmittelabfälle in Deutschland – Baseline 2015. In: Johann Heinrich von Thünen-Institut, 79 p, Thünen Rep 71, Braunschweig 2015.

[31] Vgl. United Nations Environment Programme, Food Waste Index Report 2021.

maschädliches CO2 ausgestoßen hat wie die ärmere Hälfte der Weltbevölkerung zusammen.[32] Dürren und andere Naturkatastrophen, verstärkt durch den Klimawandel, verschlimmern den Hunger in der Welt.

Und somit sind alle Versprechen und Hoffnungen, dass im 21. Jahrhundert kein Mensch mehr hungern muss, gescheitert. Noch heute hat fast jeder zehnte Mensch weltweit nicht genügend zu essen. In den letzten Jahren ist die Zahl der unterernährten Menschen sogar wieder gestiegen. Die COVID-19-Pandemie hat dazu ihren eigenen vernichtenden Beitrag geleistet: Im Vergleich zu 2019 stieg 2021 die Anzahl der hungernden Menschen um hundertfünfzig Millionen. Rund achthundert Millionen Menschen litten 2021 unter Hunger.[33]

Noch dramatischer sieht es bei der Versorgung mit Trinkwasser aus: Laut UNICEF haben weltweit rund zwei Milliarden Menschen keinen regelmäßigen Zugang zu sauberem Wasser.[34] Das Ausmaß an Ungerechtigkeit in dieser Welt ist schier unvorstellbar.

Unser Kleiderschrank – Zündstoff für den Klimawandel

Währenddessen leben wir in Deutschland in einer Gesellschaft des Überflusses. Werbungen, Online-Shops und stets geöffnete Ladentüren locken an jeder Ecke zum Einkaufen. Allein der Kleiderkonsum und die Mengen an Textilmüll sorgen dafür, dass Deutschland aus allen Nähten platzt.

Laut Eurostat wurden 2016 hierzulande etwa 391 752 Tonnen Textilabfall produziert. Pro Kopf ergibt das in Deutschland 4,7 Kilogramm jährlich. Davon sind nur 0,4 Kilogramm wiederverwertbar.[35] Und auch dieser Luxuskonsum feuert den Klimawandel weiter an, denn die Herstellung und Entsorgung von Kleidung verbraucht natürlich auch Boden, Energie und Wasser.

[32] Vgl. Tim Gore, Confronting Carbon Inequality: Putting climate justice at the heart of the COVID-19 recovery, Oxfam 2021.

[33] Vgl. FAO, IFAD, UNICEF, WFP and WHO, The State of Food Security and Nutrition in the World 2022. Repurposing food and agricultural policies to make healthy diets more affordable, Rome 2022.

[34] Vgl. UNICEF, Weltwassertag 2021, 10 Fakten über Wasser: unicef. de/informieren/aktuelles/blog/weltwassertag-2021-zehn-fakten-ueber-wasser/172968.

[35] Vgl. Eurostat, Generation of waste by waste category, hazardousness and NACE Rev. 2 activity, 2022; Labfresh, The Fashion Waste Index, 2016: labfresh.eu/pages/fashion-waste-index.

Das Licht in der Dunkelheit

Unser Haus steht bildlich und buchstäblich gesprochen lichterloh in Flammen. Hat Greta Thunberg also recht, wenn sie zu Panik aufruft? Ist der Zustand unseres Planeten hoffnungslos? Und wie konnte es nur so weit kommen?

All diese Entwicklungen können uns Angst machen und wir könnten zu dem Schluss kommen, dass Hoffnung heute fehl am Platz ist. Aber sosehr ich Greta Thunberg und ihren gewaltigen, bewundernswerten Beitrag zur Diskussion rund um den Klimawandel schätze, in diesem Punkt stimme ich nicht mit ihr überein.

Ich glaube nicht, dass panischer Aktivismus uns retten wird. Ich trage trotz der furchterregenden Situation in der Welt um uns herum eine furchtlose Hoffnung in mir. Damit meine ich keine naive Hoffnung, die die Augen vor der Realität verschließt und tatenlos zusieht. Ich meine auch keine Hoffnung, die nie Angst verspürt. Sondern ich meine eine Hoffnung, die alles daransetzt, zu schützen, was ich liebe. Eine mutige Hoffnung, die mit einem Löwenherzen durchs Leben geht. Eine Hoffnung, die ihre Kraft aus dem schöpft, der alles ins Leben gerufen hat.

Lass mich dir an einem Beispiel zeigen, wie meine Hoffnung aussieht: Stell dir vor, du fährst mit einem Boot übers Meer. Es ist bereits dunkel, dichter Nebel breitet sich um dich herum aus. Es gibt scheinbar keinen Ausweg, denn du könntest jeden Moment auf einen Felsen auffahren. Und jeder, der sich ein wenig mit Seefahrt auskennt, weiß, dass mit Schiffbruch nicht zu spaßen ist ...

So ähnlich ist es mit dem Klimawandel und der Umweltkrise: Die Dunkelheit und der Nebel sind schon so weit fortgeschritten, dass die Situation hoffnungslos erscheinen mag. Wer soll da noch etwas retten können? Es ist nur eine Frage der Zeit, bis unser Boot Schiffbruch erleidet.

Plötzlich durchschneidet jedoch ein gleißender Lichtstrahl die Dunkelheit. Ein Leuchtturm! Er ist die Rettung, denn dank ihm können wir nun alles um uns herum sehen. Wir können gefährlichen Felsen ausweichen und in den sicheren Hafen einfahren.

Der Klimawandel, das Artensterben und all die anderen ökologischen Katastrophen sind so große und komplexe Probleme, dass wir sie allein nicht fassen und nicht lösen können. Wir brauchen mehr als nur menschliche Weisheit und Kraft, um einen Schiffbruch zu vermeiden. Wir müssen den Blick auf den Leuchtturm richten.

Jesus sagt von sich, dass er das Licht der Welt ist (vgl. Johannes 8,12). Er ist meine größte Hoffnung. Ich spüre seine Leidenschaft für diese Welt, in der er doch selbst gelebt hat. Jesus zu folgen, bedeutet so viel mehr, als sich in tröstlichen Gedanken an den Himmel einzulullen! Jesus ist mir bezüglich meines Lebensstils und in meiner Perspektive auf die Welt das größte Vorbild. Und ich weiß: Ihm ist es nicht egal, was aus unserer Welt wird. Er hat all die Weisheit und Kraft, die wir in dieser Umweltkrise so dringend brauchen.

Jesus ist außerdem das Wort, durch das die Welt ins Leben gerufen wurde (vgl. Johannes 1,1-3). In Gottes Wort, der Bibel, finde ich den Leitfaden für ein mutiges, gerechtes Leben. Sein Wort lässt mich jeden Tag aufs Neue mit Hoffnung aufstehen und kämpfen, mich aber auch das Leben in vollen Zügen genießen.

Wenn das für dich alles noch etwas abstrakt klingt, ermutige ich dich, weiterzulesen. Lass uns gemeinsam weiter nach Samen der Hoffnung suchen, die wir aussäen, damit sie blühen können! Ich möchte dir in diesem Buch zeigen, wie mein Blick auf das Licht – auf Jesus – meine Perspektive auf mein Leben und auf diese Welt verändert hat und wie das ganz praktisch in meinem Alltag aussieht.

Ja, die Welt um uns herum mag vielleicht düster aussehen, aber lass dich nicht einschüchtern. Licht ist immer stärker als die Dunkelheit. Liebe und Hoffnung siegen über Angst

Jesus hat all die Weisheit und Kraft, die wir in dieser Umweltkrise so dringend brauchen.

und Verzweiflung. Eine gerechte Welt im Gleichgewicht ist möglich und ein Leben in Fülle erwartet dich auch inmitten der Umweltkrise – wenn du dich traust, es in Anspruch zu nehmen.

Im Garten

Schnell suchte ich in der Dunkelheit meine Sachen zusammen. Es war kurz vor 6 Uhr morgens. Zeit zum Aufbruch. Mit pochendem Herzen machte ich mich allein in den stockdunklen Wald auf. Kennst du dieses Gefühl, wenn du nachts draußen bist und bei jedem kleinsten Geräusch aufschreckst? Genau so ging es mir, als ich mit meiner Taschenlampe in der Hand loszog.

Ich befand mich in einem abgelegenen Dörfchen im Süden Frankreichs. Mein Ziel war die Spitze eines Berges, von der aus man die gesamte Landschaft der Provence, von den Alpen bis zum Mittelmeer, sehen konnte. Und deshalb war ich fest entschlossen, noch vor Sonnenaufgang den Berggipfel zu erklimmen, um den Anbruch des neuen Tages zu bestaunen.

Der Weg war lang und die Geräusche des Waldes und die Einsamkeit wirkten auf mich beklemmend, doch je höher ich stieg, umso heller wurde es. Als ich schließlich am Gipfel ankam, erstreckte sich um mich herum die karge, felsige provenzalische Vegetation. Gebannt starrte ich auf den immer heller werdenden Fleck am Horizont. Dort, hinter den Alpen, tauchten nach und nach die ersten Sonnenstrahlen auf. Was für ein majestätischer Anblick! In den nächsten Minuten schien sich die ganze Landschaft zu verwandeln, während alles um mich herum in ein goldenes Licht getaucht wurde. Die anmutigen Silhouetten der Berge gingen ins glitzernde Meer über, während der Himmel diesen neuen Morgen mit den prachtvollsten Farben feierte.

Vertieft in diesen wunderschönen Anblick überkam mich ein Gefühl der Heiligkeit. Der Grund, auf dem ich stand, war heilig. Die Welt um mich herum war heilig. Ich konnte nicht anders, als mich zu freuen und Gott zu loben. Hier begegnete ich Gott in seiner ganzen Majestät und Herrlichkeit! Hast du auch schon mal solch eine Ehrfurcht beim Anblick von Gottes Schöpfung empfunden?

Plötzlich fühlte ich mich Gott unglaublich nah. Meine Gedanken wanderten zu Adam und Eva. Bestimmt wurden auch sie von solch atemberaubenden Sonnenaufgängen geweckt und bestaunten abends die herrlichsten Sonnenuntergänge, während sie mit Gott redeten und ihn immer besser kennenlernten. Gott war in seiner Schöpfung unmittelbar sichtbar und spürbar. Was muss das für eine wunderschöne Nähe und Offenheit zwischen ihnen allen gewesen sein!

Im Anfang ...

Lass uns gemeinsam den Schöpfungsbericht im Alten Testament anschauen. Hier hat dem biblischen Bericht zufolge alles angefangen. Um es gleich vorwegzunehmen: Mir geht es beim Lesen von 1. Mose um die tiefere Bedeutung hinter den Geschichten und Personen, die dort vorkommen. Biblische Geschichten sind immer vielschichtig und reich an Symbolik, die häufig den Kern der Botschaft beinhaltet. All das würden wir verpassen, wenn wir sie bloß wortwörtlich lesen würden.

„Im Anfang schuf Gott den Himmel und die Erde" (1. Mose 1,1; ELB). So fing also alles an. Gott sprach und es geschah – eine wunderschöne Welt war entstanden! In überschwänglicher Weise wird hier von Gottes Welt berichtet. Sie war ein Ort, der von Leben nur so wimmelte. Frisches Grün, viele Arten von Bäumen, Fruchtbarkeit und Segen waren die Spuren, die Gott hinterließ. Die Erde brachte Leben hervor, und Gott segnete es. Es war eine Welt, in der Harmonie und Ordnung vorherrschten. Land und Meer, Himmel und Erde, Licht und Dunkelheit: Alles hatte seinen Platz, alles war wunderbar geschaffen.

Ich kann mir Gott bildlich vorstellen, wie er mit Entzückung seine Welt betrachtete und dabei jede Faser seiner Kreativität und Leidenschaft einfließen ließ. Gott sprach eine Sprache der Fülle und Lebensfreude. Sechsmal sah er das Resultat sei-

In der Natur sehen wir Gottes Schönheit und Güte.

ner Schöpfung an und sagte, dass es gut oder sogar sehr gut sei! In der Natur sehen wir Gottes Schönheit und Güte.

Wenn du magst, lege dieses Buch kurz beiseite und mache einen Spaziergang – ganz bewusst. Nimm die Fülle und Farben deiner Umgebung wahr. Beachte, wie verschwenderisch der Schöpfer seine Welt ausgestattet hat. Betrachte die Details winziger Flechten, Blätter und Pilze im Wald. Lass es dir die Sprache verschlagen beim Anblick eines sternenübersäten Himmels. Nimm Samen in die Hand und staune über das Wunder, das in ihnen steckt. Bemerke die hartnäckigen Pflanzen, die selbst den städtischen Asphalt durchbrechen. Streichle über das weiche Moos, das durch seine Anspruchslosigkeit den Weg für andere Lebewesen bereitet. Tauche ein in die Farben des Waldes und den Gesang der Vögel. Spüre den Wind und den Regen auf deinem Gesicht. „[...] in deinen Spuren lässt du Überfluss zurück" (Psalm 65,12b). Treffender hätte es der Dichter dieses Psalms nicht beschreiben können. Spürst du, wie Gott sich über seine wunderschöne Schöpfung freut?

Asche zu Asche

Als krönenden Abschluss schuf Gott sich ein Gegenüber. „Nun wollen wir Menschen machen, ein Abbild von uns, das uns ähnlich ist!" (1. Mose 1,26b). Gott erschuf die Menschen nach seinem Ebenbild. Er gab uns Gaben und Fähigkeiten, die uns von allen anderen Lebewesen unterscheiden. Der Mensch – Homo sapiens – besitzt eine Intelligenz, dank derer er ziemlich schnell die gesamte Erde für sich eroberte. Ganz nach dem Motto: „Seid fruchtbar und vermehrt euch! Füllt die ganze Erde und nehmt sie in Besitz!" (1. Mose 1,28b).

Allerdings wurde bereits deutlich, dass die Art, wie der Mensch diesen Befehl erfüllt, häufig nicht so in Gottes Sinne ist. Doch lass uns an dieser Stelle festhalten, dass der Schöpfer in uns Kreativität, eine erstaunliche Intelligenz und einen freien Willen hineingelegt hat. Und wir alle wissen, dass ein größeres Maß an Gaben auch mehr Verantwortung bedeutet.

Ein paar Verse später erfahren wir detaillierter, wie der erste Mensch erschaffen wurde: „Da nahm Gott, der Herr, Staub von der Erde, formte daraus den Menschen und blies ihm den Lebensatem in die Nase" (1. Mose 2,7a). Das Wort, das im Hebräischen für Staub oder Erde benutzt wird, ist *adama*. Adam – das Wesen, das aus Erde geformt wurde. Was für eine ernüchternde Feststellung! Und sie ist in einem mehrschichtigen Sinne wahr.

Erstens bestehen wir Menschen auf chemischer Ebene tatsächlich aus denselben Grundbausteinen wie alles andere auf dieser Erde, nämlich aus Kohlenstoff, Wasserstoff, Sauerstoff. Egal ob Heidelbeere, Erdklumpen, Diamant, Koala oder Mensch – wir sind alle aus den gleichen Elementen aufgebaut.

Zweitens: Ist dir schon einmal aufgefallen, dass Menschen und Landtiere am selben Tag erschaffen wurden? Wir teilen uns einen Tag mit Hamstern, Nashörnern und Eichhörnchen. Und wir sind voneinander abhängig. Denn jeder Organismus hat seinen Platz im Ökosystem. Dieses Ökosystem war ursprünglich ein harmonisches Netz des Lebens, in dem jedes Lebewesen seine von Gott gegebene Aufgabe erfüllte. Auch wir Menschen sind nur ein kleiner Teil dieses verwobenen Netzes.

Drittens sind wir Menschen – allem Fortschritt zum Trotz – absolut abhängig vom Boden unter unseren Füßen. Ohne fruchtbaren Boden kein Essen! Wir sind nicht nur aus Erdboden gemacht, wir sind nach wie vor durch und durch von ihm abhängig.

Wir stehen also auf gleicher Ebene wie der Rest der Schöpfung. Franziskus von Assisi hat das sehr schön in seinem Sonnengesang ausgedrückt:

Gelobt seist du, mein Herr,
durch Bruder Wind und durch Luft und Wolken
und heiteres und jegliches Wetter,
durch das du deinen Geschöpfen Unterhalt gibst.

Gelobt seist du, mein Herr,
durch Schwester Wasser,
gar nützlich ist es und demütig und kostbar und
keusch.

Gelobt seist du, mein Herr,
durch Bruder Feuer,
durch das du die Nacht erleuchtest;
und schön ist es und fröhlich und kraftvoll und stark.

Gelobt seist du, mein Herr,
durch unsere Schwester, Mutter Erde,
die uns erhält und lenkt
und vielfältige Früchte hervorbringt
und bunte Blumen und Kräuter.[36]

[36] Dieter Berg/Leonhard Lehmann (Hrsg.), Franziskus-Quellen, Edition Coelde in der Butzon & Bercker GmbH, Kevelaer 2009, Strophen 4–7.

Wir sind Teil der Natur, wir sind Natur! Das wird uns auch von der Ökologie bestätigt. Es ist also nicht zu weit hergeholt, die restliche Schöpfung als Familie zu sehen. Mir haucht diese Erkenntnis eine ordentliche Portion Ehrfurcht und Demut ein.

Wir sind Teil der Natur,
wir *sind* Natur!

Genuss im Garten

Im Schöpfungsbericht lesen wir aber auch, dass die Menschen – nach Gottes Ebenbild geschaffen – einen besonderen Auftrag bekommen haben. Gott setzte sie in einen wunderschönen, fruchtbaren Garten, genannt Eden,[37] und die erste Aufgabe, die er ihnen gab, war es, den Garten zu pflegen und zu schützen. Insofern war die erste Job-Beschreibung der Menschheit Gärtner! Und der Anfang im Garten Eden sah eigentlich auch ganz vielversprechend aus ...

Ich stelle mir vor, wie Gott den Garten mit viel Liebe anlegte. Er ließ prächtige Bäume wachsen, die köstliche Frucht trugen. Im Garten entsprang ein Strom, sodass man nicht einmal bewässern musste! Ich war einmal während eines Praktikums in einer sehr trockenen Gegend Südkroatiens verantwortlich für das Gießen junger Obstbäume. Und ich kann dir versichern, dass das Heranschaffen von Wasser und das Bewässern ganz schön viel Arbeit machten! Zunächst einmal konnten wir von Segen sprechen, dass es in der Nähe überhaupt eine Quelle gab, die das ganze Jahr über nicht versiegte. Von dieser Quelle wurde das Wasser dann wöchentlich zu unserer Zisterne gefahren. Mithilfe eines Schlauchs goss ich in diesem Sommer fast täglich ungefähr hundertzwanzig neu angepflanzte Obstbäume. Doch das war nur frühmorgens oder abends möglich, denn tagsüber erreichten die Temperaturen gut und gerne 35 °C. Durch diese anstrengende Arbeit brachten wir einen Großteil der Bäume gesund durch den heißen und trockenen kroatischen Sommer.

Gott hingegen brachte die Menschen in einen Luxus-Garten, damit sie seine Früchte genießen konnten. „Du darfst von allen Bäumen des Gartens essen" (1. Mose 2,16b), ließ Gott die Menschen wissen und betonte dabei das Wort „essen". Iss, iss, genieß es und lass es dir gut gehen, lautete die Botschaft.

Gott ist wie die gutmütige Oma, die uns aufmerksam versorgt. Doch Gott ist noch viel mehr als das: Er sagt uns da-

[37] Der Name Eden klingt an das hebräische Wort für „Wonne" an: Vgl. Sacherklärung für „Eden", Gute Nachricht Bibel, revidierte Fassung, © 1997 Deutsche Bibelgesellschaft, Stuttgart, S. 359.

mit, dass genügend da ist für alle. Sogar mehr als genug. „Du öffnest deine wohltätige Hand, und alles, was lebt, wird satt", heißt es in Psalm 145,16. Was für ein Leben!

Die Menschen lebten in perfekter Harmonie mit Gott und seiner Schöpfung. Es gab nichts, das verborgen war. Sie schämten sich nicht voreinander, sie hatten keine dunklen Geheimnisse. Ich sehe es bildlich vor mir, wie Adam und Eva täglich ihren gemeinsamen Spaziergang mit Gott machten. Sie gingen gemütlich durch den Garten, bestaunten seine Schönheit, erzählten sich, was sie erlebt hatten, und verteilten die Aufgaben für den Tag. Hin und wieder pflückten sie eine reife Frucht und steckten sie sich in den Mund. Es gab so viel zu entdecken und zu genießen in diesem prächtigen Garten!

Vielleicht hast du diese Sehnsucht nach perfekter Harmonie mit Gott, deinen Mitmenschen und der Schöpfung auch schon verspürt. Ich glaube, wir tragen alle diese „Sehnsucht nach Eden" in uns. Denn wie wir alle wissen, ging die Geschichte des ersten Menschenpaares leider nicht so gut aus ...

Hochmut kommt vor dem Fall

Wir befinden uns in den 1950er-Jahren. Die schweren und unsicheren Kriegsjahre sind endlich vorbei und in den Vereinigten Staaten von Amerika ist die Bühne frei für wirtschaftlichen Aufschwung. Die Menschen sind voller Elan und Optimismus. Jeder tüftelt an seinen Ideen, die Welt ist voller Möglichkeiten. Auch in der Landwirtschaft scheint sich Großes zu tun. Die einfache und billige Möglichkeit, Kunstdünger herzustellen, verspricht exponentiell wachsende Erträge. Pestizide bahnen den Weg für eine Welt ohne Ungeziefer und Pflanzenkrankheiten. DDT und andere Insektizide versprechen den endgültigen Sieg über Schädlinge jeglicher Art. So lauten die Parolen dieser Zeit.

Und so sind auch die Bäuerinnen und Bauern Kaliforniens, die Zitrusfrüchte anpflanzen, vom Optimismus und Fortschrittsdenken ihrer Zeit ergriffen. Schon die ersten Anwendungen bringen vielversprechende Ergebnisse: Zahlreiche Zitrus-Schädlinge werden effektiv vernichtet. Endlich ist es dem Menschen gelungen, sich die Erde untertan zu machen, so triumphieren viele in dieser Zeit.

Doch schon nach wenigen Anwendungen fällt den Ersten ein neues Problem auf: Die Australische Wollschildlaus, ein Schädling, der schon seit Jahrzehnten nicht mehr in den Orangen- und Zitronenplantagen aufgetreten ist, ist plötzlich wieder da. *Novius cardinalis*, eine fleißige Marienkäferart, hatte die Schildlaus bisher effektiv in Schach gehalten. Doch durch die Anwendung von DDT und anderen Insektiziden sind nun auch die Marienkäfer von der Bildfläche verschwunden, da sie sehr sensibel auf die aggressiven Insektenvernichtungsmittel reagieren.[38] Zudem werden immer mehr Schädlinge gegen die neuen Insektizide resistent. Mit anderen Worten: Sie passen sich an die Insektizide an und leben munter weiter. Die Bäuerinnen und Bauern müssen somit mehr und mehr von den Insektiziden anwenden, während die Wirksamkeit auf die Schädlinge Jahr für Jahr nachlässt. Ein Teufelskreis.

Schon in den frühen 1960er-Jahren wurden Stimmen immer lauter, die verlangten, die Anwendung von DDT zu verbieten. Der Grund: DDT hatte fatale Folgen auf Umwelt, Mensch und Tier.[39] So fanden Forscherinnen und Forscher heraus, dass DDT unter anderem krebserregend wirkt und die Fruchtbarkeit negativ beeinflusst.[40] In wenigen Jahren führte der Einsatz davon dazu, dass zahlreiche Vogelpopulationen vollkommen zusammenbrachen.[41] Reste von DDT reicherten sich in Tieren, Menschen und Umwelt an. Und sie hielten sich so hartnäckig, dass sich Überreste des Insektizids noch heute, rund fünfzig Jahre nach seinem Verbot, in der Natur und in menschlichem Blut feststellen lassen.

[38] Vgl. Cornell University, College of Agriculture and Life Science: biocontrol.entomology.cornell.edu/predators/Rodolia.php.
[39] Vgl. Rachel Carson, Silent Spring, Houghton Mifflin Company, Boston 1962.
[40] Vgl. W. P. Kabasenche/M. K. Skinner, DDT, epigenetic harm, and transgenerational environmental justice. In: Environ Health 13 (62), 2014.
[41] Vgl. Rachel Carson, Silent Spring, 1962.

Wir Menschen sind leider in der Lage, großes Chaos in Ökosysteme zu bringen. Durch unser Eingreifen in die Natur haben wir schon viel Schaden angerichtet. Häufig haben unsere Entscheidungen eine negative Kettenreaktion ausgelöst. Zerbrochene Beziehungen – zwischen Mensch und Natur, aber auch zwischen Menschen untereinander – sind leider unsere Realität.

Und der Kreis dreht sich weiter

Vermutlich kennst du das aus deinem eigenen Leben, wenn auch in kleinerem Ausmaß: Eine schlechte Entscheidung zieht das nächste Problem nach sich. Ein verletzendes Wort oder eine böse Geste bringt Chaos in eine Beziehung. Und bevor du dich versiehst, befindest du dich in einer ausweglosen Situation. So müssen sich wohl auch Adam und Eva gefühlt haben, nachdem sie diese schwerwiegende Entscheidung mit weitreichenden Konsequenzen getroffen hatten!

Sie durften von jedem Baum in Eden essen, so viel sie wollten. Nur vom Baum der Erkenntnis sollten sie nicht essen.[42] Doch sie aßen beide davon und entschieden sich damit, selbst über ihr Leben zu bestimmen – auch wenn das bedeutete, anderes Leben niederzutrampeln. Als Gott sie dann zur gewöhnlichen Zeit für den gemeinsamen Spaziergang durch den Garten nicht fand, war klar, dass etwas schiefgelaufen war. Die Offenheit und Nähe zwischen ihnen waren zerbrochen. Die Menschen schämten sich voreinander und vor Gott. Sie beschuldigten sich gegenseitig für das Debakel, das sie angerichtet hatten, misstrauten ihrem eigenen Schöpfer und versteckten sich vor ihm.

Die Geschichte von Adam und Eva beschreibt den Zustand der Menschheit ziemlich gut. Wir Menschen haben die gefährliche Freiheit, schlechte Entscheidungen zu treffen.

[42] Sieh dir dazu auch das Youtube-Video „Baum des Lebens" von „Bible Project" an: youtube.com/watch?v=fMpugBgQtIE.

Entscheidungen, die mitunter zu Tod und Verderben führen können. Erinnerst du dich, was Gott zum Menschen noch sagte, als er ihm verbot, vom Baum der Erkenntnis zu essen? „Du darfst von allen Bäumen des Gartens essen, nur nicht vom Baum der Erkenntnis. Sonst musst du sterben" (1. Mose 2,16b-17). Tod ist nicht die Strafe für Fehlverhalten, sondern die natürliche Konsequenz davon. Nun starben Adam und Eva nicht direkt, nachdem sie gesündigt hatten. Aber ihre Entscheidung, die Dinge selbst in die Hand zu nehmen, brachte jede Menge negative Folgen mit sich. Sie verloren Vertrauen, Nähe und ganz konkret auch den Zugang zu Eden. Ihre Beziehungen waren zerrüttet, geistlicher Tod umschlang ihre Herzen. Gott verfluchte sie nicht, aber er sagte ihnen, wie ihr Leben in Zukunft aussehen würde.

Ist dies nicht eine treffende Beschreibung unseres Zustands? Wir sehnen uns alle nach Nähe zueinander und zu Gott, aber erleben Streit, Misstrauen und Verletzungen. Wir kennen alle den Schmerz, den das ganz normale Leben mit sich bringt. Wir treffen Tag für Tag Entscheidungen, die uns selbst und andere zum Teil verletzen. Wir mühen uns damit ab, an unser tägliches Brot zu kommen. Wir kämpfen mit der Natur, statt in Harmonie mit ihr zu leben. Und wenn wir über unseren eigenen Tellerrand sehen, entdecken wir himmelschreiende Ungerechtigkeit an jeder Ecke: quälenden Hunger, unmenschliche Arbeitsbedingungen, Kinderarbeit.

> Genau hier, im Dreck und Schmerz der Welt, finden wir Gottes Leidenschaft – Gottes Mit-Leiden und Mit-Lieben – für unsere Welt.

Ich glaube, dass jeder, der mit einem wachen Blick durch die Welt geht, mir zustimmen wird, dass wir in einer zerbrochenen Welt leben, und ich möchte in diesem Buch mit dir gemeinsam nach Hoffnungsfunken suchen. Doch bevor wir uns auf die Suche machen und nach

Lösungen für unser Dilemma suchen können, müssen wir diesen hässlichen Fratzen ins Gesicht blicken und uns dem tiefen Schmerz stellen.

Wie die lateinamerikanische Theologin Ruth Padilla DeBorst einmal sagte, trauert Gott über den Schmerz dieser Welt:

> Wir werden nicht heil sein, bis wir den Schmerz nicht beim Namen nennen und über all der Ungerechtig-keiten aufschreien. [...] Daraus erwächst dann wahre Hoffnung, nicht nur oberflächlicher Optimismus.[43]

Und auch wir sollten uns nicht davor verstecken, denn genau hier, im Dreck und Schmerz der Welt, finden wir Gottes Leidenschaft – Gottes Mit-Leiden und Mit-Lieben – für unsere Welt. Zwischen den Disteln und Dornen des verfluchten Ackers finden wir Samen der Hoffnung – auch wenn wir uns dabei die Hände aufschürfen. Ich stelle mir diese Hoffnung wie ein Festessen vor, gemeinsam an Gottes Tisch! Oh, wie schön wird das sein. Und wie schön ist es schon jetzt, (wörtlich!) zu sehen und zu schmecken, wie gut Gott ist.

[43] Übersetzt nach: Ruth Padilla deBorst, A story of living hopefully. In: Costa Rica, Field Notes Podcast, Episode 13. arocha.org/en/field-notes-podcast/, Minute 19.

Das gebrochene Versprechen

Sanft raschelt der Wind durch die Äste. Der Sommer neigt sich langsam dem Ende entgegen. In den mächtigen, alten Olivenbäumen sind die ersten winzigen Früchte erkennbar. Verspielt glänzen die silbrigen Blätter in der Sonne. Zwei Liebende sitzen aneinandergelehnt in einer verborgenen Ecke des Olivenhaines. Sie flüstern sich gegenseitig Geheimnisse zu, die die Olivenbäume wie kein anderer hüten werden. Wie vielen Geschichten müssen diese jahrtausendealten Bäume schon gelauscht haben! Süß und zärtlich ist die Liebe, das können die Olivenbäume sicherlich bestätigen.

Im Hohelied der Liebe können wir die Geschichte eines solch leidenschaftlichen Liebespaares nachlesen. Eng umschlungen streunen die beiden durch die blühende Landschaft. Mit einem unauslöschlichen Feuer vergleicht der Dichter ihre Leidenschaft. Die Ehe ist in der Bibel ein Bild für Gottes Beziehung zu den Menschen. Und auch wenn wir das Hohelied der Liebe sicherlich einfach als eine Ode an die Liebe zwischen zwei Menschen lesen können, malt sie uns in einem tieferen Sinne auch Gottes Leidenschaft für seine Schöpfung vor Augen. Und sicherlich ist es kein Zufall, dass sich diese Liebesgeschichte hauptsächlich in der herrlichen, duftenden Natur abspielt – erinnert die fruchtbare Landschaft doch an den Garten Eden! Gott wünscht sich eine enge, leidenschaftliche Nähe zu seinen Geschöpfen, so wie im Garten Eden.

Die Schatten des Fluches

Adam und Eva hatten sich jedoch dazu entschieden, ihr eigenes Ding zu machen. Die Folge: Sie mussten das Para-

dies verlassen. Seitdem leiden alle Beziehungen unter diesem Bruch: die zwischenmenschlichen Beziehungen, unsere Nähe zu Gott, Gottes Beziehung zu seiner gesamten Schöpfung und schließlich unser Umgang mit der Natur und damit mit uns selbst. Wie bei einem Netz hängen all diese Beziehungen zusammen. Das ursprünglich so harmonische Beziehungsdreieck Gott - Mensch - Natur hat hässliche Risse bekommen. Der Fluch wirft seine dunklen Schatten.

Ein Schatten auf unseren Beziehungen

Die erste Beziehung, in der der Fluch sichtbar wird, ist die Beziehung zwischen den Menschen: Adam und Eva. Das ursprüngliche Vertrauen zwischen den beiden weicht Beschuldigungen und Scham. Wie sehr unsere zwischenmenschlichen Beziehungen vom Fluch betroffen sind, habe ich beim Schreiben dieses Kapitels selbst schmerzlich zu spüren bekommen.

Voller Optimismus hatte ich mich auf eine neue Wohngemeinschaft eingelassen. Doch unterschiedliche Erwartungen und unausgesprochene Probleme machten das Zusammenleben für mich so bedrückend, dass ich mich in meinem eigenen Zuhause bald nicht mehr wohlfühlte. Die innere Anspannung und die Fülle an negativen Emotionen machten sich irgendwann als chronischer Schmerz in beiden Armen bemerkbar. Ich musste meine Arme ruhen lassen, das geliebte Schreiben für eine Weile sein lassen und Gott einige Dinge in meiner Seele und meinem Körper umkrempeln lassen. Bestürzt musste ich erkennen, dass die Auswirkungen des Fluches so real sind, dass sogar unser Körper darunter aufschreit.

Unsere menschlichen Beziehungen als Teil von Gottes Schöpfung leiden unter dem Fluch. Das fängt in den normalen, alltäglichen Beziehungen an und betrifft gleichermaßen globale Ereignisse wie den Krieg in der Ukraine, den die

Welt in diesen Tagen fassungslos beobachtet. Ein Mensch herrscht über den anderen, Machtkriege, Hass, Angst und Scham machen uns das Leben zur Hölle. Dabei könnten wir hier den Himmel auf Erden haben!

Ein Schatten auf unserer Gottesbeziehung

Aber nicht nur unsere zwischenmenschlichen Beziehungen leiden unter dem Fluch. Auch von unserem Schöpfer haben wir uns entfremdet. Adam und Eva glaubten, ihre neue Unabhängigkeit von Gott würde sie in einen göttlichen, herrlichen Zustand versetzen. Doch wie die kroatische Theologin Ksenija Magda schreibt, fühlten sich die Menschen gar nicht göttlich, sondern eher bedroht durch den Tod, der nun allgegenwärtig war.

Die losgelöste Schöpfung fühlt, dass sie die Dinge selbst in die Hand nehmen muss, um sich zu schützen und für sich selbst gegen alles und jeden zu kämpfen, insbesondere gegen Gott.[44]

Es fällt uns schwer, Vertrauen aufzubauen. Wir misstrauen Gott und seinem guten Plan für seine Schöpfung. Einfach gesagt, sind wir nicht gerne abhängige, verletzliche Geschöpfe, die sich ihrem Schöpfer unterordnen. Wir sind wie Schafe, die nicht wissen, wie gut es ihr Hirte mit ihnen meint.

Ein Schatten auf Gottes Beziehung zu seiner Schöpfung

Die dritte Beziehung, die einen Bruch erlebt hat, ist die Beziehung zwischen Gott und dem von ihm geschaffenen Kosmos. Wir Menschen sind es so gewohnt, uns selbst in

[44] Übersetzt nach: Ksenija Magda, Blessing the Curse? A Biblical Approach for Restoring Relationships in the Church, Langham Global Library, Carlisle 2020, S. 24.

den Mittelpunkt zu stellen, dass es uns schwerfällt, diese Perspektive einzunehmen.

Doch hast du dir schon einmal überlegt, wofür die Natur eigentlich existiert? Um uns Menschen zu versorgen und zu ernähren? Um ihrer selbst willen? Einfach weil sie durch Zufall entstanden ist? Der Bibel zufolge ist die Schöpfung in erster Linie ein Spiegelbild von Gottes Herrlichkeit. Sie ist ein Fingerabdruck seiner Kreativität und Liebe. „Dem Herrn gehört die ganze Erde mit allem, was darauf lebt", lesen wir in Psalm 24,1.

Gott hat Freude an seiner gesamten Schöpfung! Das wird schon auf den ersten Seiten der Bibel klar. Doch auch diese ursprünglich so harmonische Beziehung zwischen Schöpfer und Schöpfung ist vom Fluch gezeichnet. Durch den Propheten Jeremia beklagt Gott sich, dass die Menschen ihm seine geweihte Schöpfung verdorben haben:

> [...] ich brachte euch in ein fruchtbares Land, um euch mit all den Köstlichkeiten zu speisen, die es hervorbringt. Aber kaum wart ihr dort, habt ihr mein Land verdorben und mir mein Eigentum zum Abscheu gemacht.
>
> *Jeremia 2,7b*

Auch auf der Schöpfung lastet der Fluch. Gott sagte zu Adam:

Deinetwegen ist der Acker verflucht. Mit Mühsal wirst
du dich davon ernähren, dein Leben lang. Dornen und
Disteln werden dort wachsen, und du wirst die Pflanzen des Feldes essen.

1. Mose 3,17b-18

Was Gott hier angekündigt hat, ist eingetreten. Wir merken
es jeden Tag: Arbeit bereitet uns Mühe. Statt fruchtbarer Zusammenarbeit ist Landwirtschaft zu einem Kampf mit der
Natur geworden. In Gottes Schöpfung geht es nicht mehr so
paradiesisch zu und das wird besonders dann deutlich, wenn
wir Menschen die Finger im Spiel haben.

Ein Schatten auf unserer Beziehung zur Natur

Die letzte Beziehung, die von Fluch und Sünde gekennzeich-
net ist, ist unsere Beziehung zur restlichen Schöpfung. Wir
müssen nicht weit schauen, um die Auswirkungen des Fluches um uns herum zu sehen.

Stell dir vor, es ist ein warmer, wolkenloser Sommertag.
Du fährst durch die Landschaft, als du plötzlich in einen
Sandsturm gerätst. Eine riesige Sandwolke umhüllt dich, und
du siehst die Straße nicht mehr! Zum Glück ist der Sturm in
wenigen Sekunden vorbei und du fährst weiter ... Aber halt
mal!? Im Umkreis von Tausenden von Kilometern befindet
sich gar keine Wüste, und die Sahara ist sicherlich nicht über
Nacht umgezogen. Woher kam diese Sandwolke?

Ein ähnliches Szenario hat sich 2011 in Mecklenburg abge-
spielt. Der riesige Sandsturm endete tragischerweise in einer
Massenkarambolage auf der Autobahn, bei der acht Menschen starben und hundertdreißig verletzt wurden.[45] Aber
der Sand kam weder aus einer Wüste noch von der nahe gelegenen Küste. Er war von den riesigen landwirtschaftlichen
Feldern in dieser flachen, windigen Gegend aufgewirbelt

[45] Vgl. Janine Kühl, Als ein Sandsturm zur Katastrophe wurde, NDR, 9.4.2021: ndr.de/geschichte/schau plaetze/Sandsturm-auf-der-A19-Vor-zehn-Jahren-kommt-es-zur-Katastrophe,sandsturm298.html.

50

worden. Die Sandwolke bestand im Grunde aus fruchtbarem Oberboden und trug nun kostbaren Humus und Nährstoffe unwiederbringlich davon. Doch Winderosion passiert nicht durch Zufall: Entfernung von erosionsschützenden Hecken und Vergrößerung der Felder zu DDR-Zeiten, Maisanbau in Monokultur und ungünstige Bodenbearbeitung – all das führt zu solch verheerenden Ereignissen. Ein Jahrhundertprozess der Bodenbildung wird so in wenigen Jahren zunichtegemacht. Der fruchtbare Boden unter unseren Füßen, Grundlage für den Anbau unserer Nahrung, wird buchstäblich vom Winde verweht.

Wir wissen nicht, was wir tun, kommt mir manchmal in den Sinn, wenn ich bestürzt über diese und viele andere durch den Menschen verursachte Umweltkatastrophen nachdenke. Ob in Afrika oder Deutschland, der ausgelaugte, rissige Boden schreit zu Gott.

Projekt Erneuerung

Doch Gott war und ist entschlossen, all diese Beziehungen wiederherzustellen. Er ergriff schon vor langer Zeit die Initiative – wie der Betrogene, der trotzdem bereit ist zu vergeben. Vielleicht fragst du dich, warum jemand einer untreuen, unzuverlässigen, unehrlichen Person hinterherlaufen würde. Die Antwort ist einfach: Liebe. Gott kann als liebender Schöpfer seine Geschöpfe nur lieben. Er kann es nicht mitansehen, wie sie in ihr Verderben rennen und dabei auch noch sein kostbares Meisterwerk, die Natur, mitreißen. Später, viel später in der Geschichte, ging Gott in seiner Liebe zu seiner Schöpfung in einem Olivenhain bis ans Äußerste.

Aber zuvor zeigte er erst einmal einzelnen Menschen in der Geschichte, was es heißt, hier und jetzt in einer engen Beziehung mit ihm zu leben und gute Verwalter seiner Schöpfung zu sein. Und so suchte er sich einzelne Personen und später ein ganzes Volk, die Israeliten, aus, um mit ihnen

46 Vgl. Reinhard Hirtler (2018), Leben aus der Fülle des neuen Bundes – Das vollbrachte Werk des Kreuzes verstehen und erleben, Aufbruch Verlag.

als Verbündete die Harmonie Edens wiederherzustellen. Er ging sinnbildlich eine Ehe mit den Menschen ein, indem er einen Bund mit ihnen schloss. Gott ergriff schon immer zuerst die Initiative, ging volles Risiko ein – weil seine Schöpfung ihm so wichtig war. Und ist. Als Zeichen seiner Liebe und Treue bot er uns einen Bund an.

Ein Bund ist in der Sprache der Bibel etwas Absolutes. Es ist die unzertrennliche Bindung zweier Parteien.[46] Gott wollte, dass die Israeliten durch den Bund Teil der großen Erneuerung werden würden. Was durch den Sündenfall schiefgelaufen war, sollte durch das „Projekt Erneuerung" repariert werden. Der Fluch sollte wieder in Segen umgewandelt werden. Lass uns doch mal anhand dreier Bundesschließungen anschauen, wie Gott sich das gedacht hatte.

Der Bund unterm Regenbogen

Der erste Bund, von dem wir im Alten Testament lesen, ist der Bund zwischen Noah und Gott. Dieser kam kurz nach der bekannten Geschichte von der großen Flut zustande. „Der Herr sah, dass die Menschen auf der Erde völlig verdorben waren [...] Das tat ihm weh", lesen wir in 1. Mose 6,5-6a. Gott wollte durch die Flut einen neuen Anfang wagen und rettete dafür Noah, seine Familie und von jeder Tierart ein Pärchen. Um diesen Neuanfang zu besiegeln, schloss er einen Bund.

Aber ist dir schon einmal aufgefallen, wer alles Teil dieses Bundes war? Nicht nur Gott und Noah, sondern alle lebenden Wesen auf der Erde! Gott ist an allen seinen Geschöpfen gelegen. An den Menschen wie auch an den nicht menschlichen Wesen. Das wurde bereits in der Schöpfungsgeschichte deutlich, und hier, wenige Seiten später, bestätigte Gott es noch einmal. Wenn du die beiden Geschichten einmal nacheinander liest, fällt dir bestimmt auch auf, wie ähnlich die Wortwahl der beiden ist. „Es soll wieder von ihnen [den Tieren] wimmeln auf der Erde; sie sollen fruchtbar sein und sich vermehren auf der Erde" (1. Mose 8,17b), sagte Gott zu Noah.

Noah war einer, der im Unterschied zu seinen Zeitgenossen in enger Verbindung mit Gott lebte. Klingt das nicht nach diesem wunderschönen Eden-Ideal? Eine lebendige, fruchtbare, intakte Schöpfung? Liebevolle Beziehungen zwischen Gott und den Menschen?

Ich erinnere mich noch an eine Beziehung vor einigen Jahren, die mir sehr viel bedeutet hatte. Die Freundschaft stand kurz vor dem Zerbrechen. Da ich sehr harmoniebedürftig bin, war ich verzweifelt und unglücklich. Keine Geste der Annäherung, kein Wort, kein Lächeln schienen noch Frucht zu bringen. Ich kam mir vor wie in einer trockenen, aussichtslosen Wüste.

Vielleicht hat Gott sich ähnlich gefühlt in seinem Wunsch, die Harmonie wiederherzustellen. Denn auch der Bund Gottes mit Noah und allen Tieren änderte vorerst nichts am Zustand der Welt. Die Menschen waren untreu – vor dem Bund und auch danach. Die ganze Bibel ist voll von fehlerhaften, schwachen Menschen und zerbrochenen Beziehungen. Aber Gott versprach, treu zu bleiben. Der Beweis dafür ist der Regenbogen als Zeichen für diesen Bund.

> Gott ergriff schon immer zuerst die Initiative, ging volles Risiko ein – weil seine Schöpfung ihm so wichtig war.

Der Bund unterm Sternenzelt

Den nächsten Bund schloss Gott wieder an einem romantischen, auf den ersten Blick edenartigen Ort: Es war schon dunkel in der Landschaft Kanaans. Unzählige Sterne leuchteten hell und klar vom tintenschwarzen Himmel. Eine angenehme, warme Sommerbrise raschelte durch die nahe gelegenen alten Eichenbäume. Eine Gestalt schlich sich leise von den Zelten davon. Es war Abraham. Er machte einen Sternenspaziergang mit Gott. Ist das nicht eine wunderschöne Vorstellung? Und erinnert sie nicht an Adam und Eva im Garten Eden?

Während dieses Spaziergangs unter dem Sternenhimmel versprach Gott Abraham: „Ich mache dich fruchtbar, ich werde dir so viele Nachkommen geben, wie es Sterne am Himmel gibt, und ich werde dich in ein weites Land führen, das deinen Nachkommen gehören wird" (vgl. 1. Mose 15,5-21). Alles, was Abraham daraufhin tun musste, war, Gott zu vertrauen.

Und Abraham vertraute Gott. Von ihm stammte das Volk der Israeliten ab, mit denen Gott einen weiteren Bund schloss.

Der Bund auf dem Berg

Mose, der bekannte Mann Gottes, führte das Volk Israel schließlich in das verheißene Land, von dem es heißt, dass es von Milch und Honig überfloss (vgl. 2. Mose 3,8). War das vielleicht das neue Eden? Der Bund am Berg Sinai war ein hoffnungsvolles Zeichen dafür (vgl. 2. Mose 19–24). Und spätestens als die Israeliten in das verheißene Land einzogen, wurde klar, dass Gottes Plan, Eden zu erneuern, kein abstraktes Projekt war. Gott brachte ein konkretes Volk zu einem konkreten Zeitpunkt in der Geschichte an einen konkreten Ort auf der Erdkugel. Dass er dabei nicht stehen bleiben wollte, wurde schon in seinem Versprechen Abraham gegenüber klar, denn Gott hatte vor, durch Abrahams Nachkommen die ganze Erde mit seinem Segen zu erreichen. Der Zustand Edens sollte wiederhergestellt und der Fluch aufgehoben werden – und die Menschen wieder in enger, schöner Verbindung mit Gott, mit dem Land und miteinander leben.

Doch zuvor zeigte Gott erst einmal einem einzigen Volk, wie es an einem konkreten Ort, im verheißenen Land, gut miteinander leben konnte. Was es bedeutete, ihn zu ehren, und wie sie den Rest der Schöpfung behandeln sollten. Gott gab dem Volk Israel durch Mose detaillierte Anweisungen: Ob Ackerbau, Viehzucht, Erntefeste, Kleidung, Wildtiere, Forstwirtschaft – all das war im Gesetz geregelt. Und auch wenn uns heute manche dieser Regelungen befremdlich vorkommen, so ergaben sie aus ökologischer, sozialer und ökonomischer Perspektive doch Sinn. Einfach gesagt: Hätten die Israeliten sich an das Gesetz gehalten, hätten sie wirklich nachhaltig gelebt!

Am Ende stellte Gott klar: Das Land gehörte im Grunde nicht den Israeliten. Es gehörte Gott. Und die Israeliten waren nur Gäste in seinem Land (vgl. 3. Mose 25,23). Gott versprach ihnen unzählige Male reichen Segen, große Ernte und ein Leben im Überfluss in diesem fruchtbaren Land. Aber diese Verheißung war stets eng an die Lebensweise der Israeliten geknüpft. Das Ökosystem des Landes konnte nur so fruchtbar und gesund sein, wie es das Ökosystem ihres Herzens war.

Gottes Segensangebot stand. Er war und ist immer treu. Er hielt sich an seinen Bund, selbst wenn die Menschen untreu waren. Es war an den Israeliten, zwischen Fluch und Segen zu wählen. Sie konnten ihre eigenen Wege gehen oder Gottes gute Prinzipien beherzigen. Ihren egoistischen Motiven folgen oder den göttlichen Lebensstil des Überflusses wählen. Den Schöpfer als Herrn ehren oder ihr eigenes Ding machen. Mauern zwischen sich und Gott aufbauen oder harmonische Beziehungen pflegen, wie die Liebenden im Olivenhain.

> Wie hätten wir uns an ihrer
> Stelle entschieden?

Ein Herz aus Stein

[47] Gabi Finck, „Ich weiß nicht, wie – ich weiß nur, dass!" In: Oya – enkeltauglich leben!, Ausgabe 50/2018, S. 19. [48] Vgl. Fiona Burns et al., Abundance decline in the avifauna in biodiversity change. In: Ecology and Evolution, 11 (23), 2021, S. 16647–16660.

„Es ist still geworden in unserm Land. Es ist still geworden um uns. Ich rede natürlich nicht vom Verkehrslärm, der inzwischen bis in die letzten Winkel unserer Heimat vordringt. Ich rede von dem allmählichen Verstummen der Vögel", schrieb die Journalistin Gabi Fink in einem Artikel, nachdem sie tief bestürzt von einem Waldspaziergang zurückkam.[47] Sosehr sie auch lauschte, es war kein Vogel zu hören, kein Flügelflattern zu vernehmen. Wenn man weiß, dass zwischen 1980 und 2021 der Gesamtbestand an Brutvögeln in der EU um 17 bis 19 Prozent zurückgegangen ist,[48] kann man sich wie Gabi Fink zu Recht fragen, wie bunt die Welt vor einhundert Jahren noch ausgesehen haben muss. Doch erschreckenderweise muss das Rückschreiten der Artenvielfalt schon viel früher begonnen haben. So schrieb Rosa Luxemburg in einem Brief von 1917:

[49] Brief von Rosa Luxemburg an Sophie Liebknecht, Wronke, 2. Mai 1917: rosaluxemburg.org/de/material/1007/.

Gestern las ich gerade über die Ursache des Schwindens der Singvögel in Deutschland: es ist die zunehmende rationelle Forstkultur, Gartenkultur und der Ackerbau, die ihnen alle natürlichen Nist- und Nahrungsbedingungen – hohle Bäume, Ödland, Gestrüpp, welkes Laub auf dem Gartenboden – Schritt für Schritt vernichten. Mir war es so sehr weh, als ich das las. Nicht um den Gesang für die Menschen ist es mir, sondern das Bild des stillen unaufhaltsamen Untergangs dieser wehrlosen kleinen Geschöpfe schmerzt mich so, daß ich weinen mußte.[49]

Über hundert Jahre sind seitdem vergangen, und um unsere Vogelwelt steht es schlechter denn je. Diese Geschichte brannte sich in mein Gedächtnis ein, während ich versuchte, den Ursachen für die Umweltkrise auf die Spur zu kommen.

Es ist offensichtlich: Wir können diese gewaltige Krise nicht mit mehr Programmen und Regelungen überwinden. Wir erlassen Gesetze, erstellen rote Listen, hängen Plakate auf und ernennen einen Vogel des Jahres – alles gute Initiativen. Aber wenn wir mal ehrlich sind: Was hat uns das gebracht? Die letzten Jahre haben gezeigt, dass wir es aus eigener Kraft nicht geschafft haben, die Umweltkrise abzuwenden. Aber warum? Warum können wir das Vogelsterben nicht aufhalten? Warum werfen Menschen weiterhin ihren Müll in die Natur? Warum wählen wir Fluch statt Segen?

Israel am Scheideweg

Um das herauszufinden, müssen wir tiefer in das Beziehungsgeflecht Schöpfer – Mensch – Natur schauen, von dem im letzten Kapitel bereits die Rede war. Geschichte wiederholt sich, immer und immer wieder. Und so kann auch die Geschichte der Israeliten als ein Schlüssel für die großen Fragen der Gegenwart dienen.

Nach vierzig Jahren in der Wüste stand das Volk Israel nun endlich kurz davor, das verheißene Land, das von Milch und Honig überfloss, zu betreten. Mose hatte ihnen soeben das ganze Gesetz vorgelesen, das auch den Umgang mit der nicht menschlichen Schöpfung regelte. Wenn die Israeliten all diese Regeln von Herzen befolgen würden, würde ihnen die ganze Fülle des göttlichen Segens zuteilwerden (vgl. 5. Mose 28,2). Würden sie dagegen entscheiden und Gott nicht voll Freude und Dankbarkeit dienen, würden stattdessen Flüche über sie kommen (vgl. 5. Mose 28,46-47).

Die Israeliten hatten die Möglichkeit, den Fluch, der seit Adam und Eva auf der Schöpfung lastete, umzukehren. Was muss das damals für eine festliche Stimmung gewesen sein! Was für eine blendende Zukunft erwartete sie!

Aber natürlich kam am Ende alles anders. Mitten in diese feierliche Atmosphäre warf Gott die ernüchternde Voraussage:

> Ich werde sie in das Land bringen, das ich ihren Vorfahren versprochen habe, ein Land, das von Milch und Honig überfließt; sie aber werden sich satt essen und fett werden und sich anderen Göttern zuwenden und ihnen dienen. Mich werden sie verachten und meinen Bund brechen.
>
> 5. Mose 31,20

Der Weg ins Verderben

Gott war nicht überrascht, dass die Israeliten versagten. Er wusste, aus welchem Holz ihre Herzen geschnitzt waren. Er ließ ihnen die Wahl zwischen Leben und Tod, Glück und Unglück. Aber er räumte ihnen auch einen Weg zurück ein. Seine Arme standen immer offen. Auf Umkehr würde neuer Segen folgen. Mose verhieß ihnen, dass Gott selbst ihr Herz beschneiden und erneuern würde. Nach all ihren Irrwegen würde Gott ihr Herz so verändern, dass sie Gott mit ganzem Herzen und mit allen Kräften lieben könnten (vgl. 5. Mose 30,6).

Hört sich das alles nicht etwas seltsam an? Vor allem, wenn wir wissen, wie die Geschichte der Israeliten weiterging. Kurz gesagt – nicht gerade glorreich. Das Volk und seine Leiter folgten ihren egoistischen Motiven, beuteten die Schwachen und Armen aus, verehrten fremde Götter und vergaßen Gottes Gebote. Besonders die Leiter des Volkes, die ja eigentlich als gutes Beispiel vorangehen sollten, trieben die Auflehnung gegen Gott auf die Spitze. So war es auch bei König Ahab.

Kennst du die Geschichte von Nabots Weinberg? König Ahab entdeckte einmal neben seinem Palast einen Weinberg. Das Stückchen Land gefiel ihm. Und so verlangte er von seinem Besitzer, Nabot, ihm den Weinberg zu verkaufen. Nun gab es in Israel aber das Gesetz, das Land weitervererbt und nicht endgültig verkauft werden durfte. Land sollte im Familienbesitz bleiben. Falls es verkauft wurde, musste es im Erlassjahr (also alle fünfzig Jahre) wieder an die Person oder ihre Familie zurückgegeben werden, der es ursprüngliche gehört hatte. Schlussendlich gehörte alles Land Gott und nicht den Menschen (vgl. 3. Mose 25,23).

Nabot schlug das Angebot König Ahabs also aus, und das mit vollem Recht: „Der Herr bewahre mich davor, dass ich dir den Erbbesitz meiner Vorfahren gebe!" (1. Könige 21,3). Ein gottesfürchtiger Mann widersetzte sich dem Machthaber.

Die Geschichte ging für Nabot leider nicht gut aus. Durch eine von König Ahabs Frau angezettelte Intrige wurde er ermordet. Der blutbefleckte Weinberg fiel in Ahabs Hände. Wir hören Gott förmlich flüstern: „Hörst du nicht, wie das Blut deines Bruders von der Erde zu mir schreit?" (1. Mose 4,10).

Wie oft muss Gott das in der Geschichte der Menschheit gefragt haben? Wie oft schrie Blut von der Erde zu ihm? Aus dem fruchtbaren Land war ein blutgetränkter Acker, aus dem Land, das von Milch und Honig überfließen sollte, eine Wüste geworden. Das hat sich bis heute nicht geändert. Doch wie war es dazu gekommen?

Wo Milch und Honig überfließen ...

Lass uns dafür schauen, was ein Land, das von Milch und Honig überfließt, überhaupt ist.

In einem solchen Land gibt es üppige Wiesen und saftiges Weideland, es regnet ausreichend, Wildbienen finden genügend Nektar für ihren Honig und das Vieh kann sich satt essen und somit Milch in Fülle geben.

Doch üppige Wiesen und Weiden entstehen nicht zufällig.

Vielfältige Wiesen gibt es heute immer weniger. Landwirtschaftliche Monokulturen, Betonwüsten und Pestizide stehlen ihnen den Raum. Daher erstaunt es nicht, dass wir in den letzten Jahrzehnten ein massenhaftes Insektensterben heraufbeschwört haben. Auch grüne Weiden sind kein Zufallsprodukt, sondern das Resultat sorgfältiger Planung und nachhaltiger Bewirtschaftung. So würde eine Überweidung die Weideflächen überlasten, aber auch zu wenige Tiere würden schaden, da die Weide mit der Zeit von Büschen und Bäumen überwuchert werden würde. In beiden Fällen müssten die Tiere hungrig bleiben.

> Gott hat alles Nötige in seine Schöpfung hineingelegt. Es liegt an uns, diesen Schatz zu bewahren.

Interessanterweise sind in Europa Wiesen und nicht Wälder die artenreichsten Lebensräume. Neunundsiebzig Pflanzenarten auf einem Quadratmeter konnten Botanikerinnen und Botaniker auf extensiv bewirtschafteten Mähwiesen Rumäniens finden. Auf kleiner Skala sind solche Wiesen sogar artenreicher als Regenwälder![50]

Aber um solche artenreiche, fruchtbare und saftige Weideflächen zu bekommen, und damit Milch und Honig, braucht es ein feines Gespür für die Kapazitäten der Natur. Gott hat alles Nötige in seine Schöpfung hineingelegt. Er hat die Voraussetzungen für gesunde Ökosysteme und wohlernährte Lebewesen geschaffen. Es liegt an uns, diesen Schatz zu bewahren, genauso wie es damals an den Israeliten lag. Doch sowohl sie als auch wir haben versagt.

[50] Vgl. J.B. Wilson, et al., Plant species richness: the world records. In: Journal of Vegetation Science 23 (4), 2012, S. 796–802.

Der Kern des Problems

Warum? Gott selbst gibt uns durch den Propheten Hosea die Antwort darauf:

> Hört das Wort des Herrn, ihr Leute von Israel! Der Herr erhebt Anklage gegen die Bewohner des Landes, denn nirgends mehr gibt es Treue und Liebe, niemand kennt Gott und seinen Willen. Sie missbrauchen den Gottesnamen, um andere zu verfluchen; sie verdrehen die Wahrheit, sie morden, stehlen, brechen die Ehe; ein Verbrechen reiht sich ans andere. Deshalb vertrocknet das Land und seine Bewohner verdursten, auch die Tiere des Feldes und die Vögel; sogar die Fische verenden.

Hosea 4,1-3

Die wahre Antwort darauf, warum Vögel und Insekten sterben, warum Boden zerstört wird und warum das Klima sich erwärmt, findet sich nicht in den Chemiefabriken, auf den Sojaplantagen, unter den Traktorreifen oder in den Auspuffen unserer Autos. Sie findet sich in Milliarden pochender Herzen. Sie findet sich in meinem und deinem Herzen. Wir sind nicht besser als unsere israelischen Vorgängerinnen und Vorgänger. Genau wie sie reihen wir uns in ein Geschlecht von mordenden, ausbeutenden und egoistischen Menschen ein.

In den heiligen Schriften Israels beginnt das ganze Desaster des Menschen mit seiner gestörten Beziehung zu Gott. Einmal aus dem Vertrauen zu seinem Schöpfer gefallen, wächst im Menschen die Gier nach immer mehr. Dieser Gier fallen nicht nur die Beziehungen zu anderen Menschen zum Opfer, sondern sie bringt schließlich auch einen zerstörerischen Umgang mit der Natur hervor. Egal in welchem wirtschaftlichen oder politischen System: Der Mensch wiederholt immer die gleiche Geschichte des Sündenfalles.

Papst Franziskus beschreibt in seiner Enzyklika Laudato si', wie unsere Beziehungen zu Gott und der Schöpfung zerbrochen sind:

[51] Papst Franziskus, Laudato si': Über die Sorge für das gemeinsame Haus (Enzyklika), Libreria Editrice Vaticana 2015, Abschnitt 66.

> Dieser Bruch ist die Sünde. Die Harmonie zwischen dem Schöpfer, der Menschheit und der gesamten Schöpfung wurde zerstört durch unsere Anmaßung, den Platz Gottes einzunehmen, da wir uns geweigert haben anzuerkennen, dass wir begrenzte Geschöpfe sind. Diese Tatsache verfälschte auch den Auftrag, uns die Erde zu „unterwerfen" und sie zu „bebauen" und zu „hüten". Als Folge verwandelte sich die ursprünglich harmonische Beziehung zwischen dem Menschen und der Natur in einen Konflikt.[51]

Und der Prophet Jesaja stellt die gleiche Diagnose:

> Alles auf der Erde verwelkt und verdorrt, die Erde selbst vergeht und zerfällt [...] Die Menschen haben die Erde entweiht, sie haben Gottes Gebote übertreten, sein Gesetz missachtet und den Bund gebrochen, den er für immer mit ihnen geschlossen hatte. Darum vernichtet sein Fluch die Erde.

Jesaja 24,4-6a

Ziel verfehlt

Bedeutet das nun, dass jede schlechte Tat, ja jeder sündige Gedanke direkte Folgen auf unsere Umwelt hat? Würde man Sünde einfach nur als schlechte Taten definieren nach dem Motto „Was du säst, wirst du ernten", wäre die Antwort „Ja".

Aber wenn in der Bibel von Sünde die Rede ist, ist damit nicht einfach nur moralisch falsches Handeln einzelner Personen gemeint. Sünde ist ein systemischer Defekt. Wörtlich bezeichnet Sünde eine „Zielverfehlung". Anstatt uns in allem nach Gott auszurichten, spielen wir uns selbst als Götter auf, und weil wir dieser Aufgabe nicht gewachsen sind – schließlich sind wir nur Geschöpfe –, kann daraus nur Chaos entstehen.

Sünde ist also eher mit einem Krebsgeschwür zu vergleichen, das sich wie wild in unserer Welt und in unseren Herzen ausbreitet. Sie hat die ganze Schöpfung im Griff und bringt als Folge nur Tod und Unglück. Wenn die Bibel also davon spricht, dass wegen unserer Sünde die Erde vergeht, bedeutet das nicht, dass unmoralisches Verhalten mit Naturkatastrophen abgestraft wird. Gott ist kein zorniger, übel gelaunter Tyrann, der nur darauf wartet, dass wir einen Fehler machen!

Ähnliche Fragen stellten sich schon die Menschen zu Jesu Zeiten: Bestraft Gott die sündigsten Menschen eigentlich besonders hart? Ist Unglück Folge von Sünde?

„Jesus, das müssen furchtbare Kerle gewesen sein, die Pilatus da kürzlich umbringen ließ! Jetzt haben sie endlich ihre gerechte Strafe bekommen. Gott ist eben streng und gerecht." So in etwa müssen einige Menschen zu Jesus gekommen sein. Doch Jesu Antwort war eindeutig:

> Meint ihr etwa, dass sie einen so schrecklichen Tod fanden, weil sie schlimmere Sünder waren als die anderen Leute in Galiläa? Nein, ich sage euch: Wenn ihr euch nicht ändert, werdet ihr alle genauso umkommen!

Lukas 13,2-3

Vor Gott sind wir alle sündige Menschen, du und ich. Die Umweltkrise ist nicht Strafe für einzelne Vergehen. Vielmehr ist sie die Folge unserer globalen Sündhaftigkeit.

Liebt Gott!
Lebt nachhaltig!

In diesem Kontext ergibt es Sinn, wenn Mose den Israeliten noch vor ihrer Ankunft im verheißenen Land sagte:

> Der Herr, euer Gott, kümmert sich selbst um das Gedeihen und blickt das ganze Jahr über, vom Anfang bis zum Ende, freundlich auf das Land. Wenn ihr wirklich die Weisungen des Herrn, die ich euch heute verkünde, befolgt und ihn, euren Gott, mit ganzem Herzen und mit allen Kräften liebt und ehrt, wird er euren Feldern zur rechten Zeit Regen schicken, im Herbst und im Frühjahr. Ihr werdet Korn, Wein und Öl ernten können und euer Vieh wird Gras zum Weiden finden. Ihr werdet immer genug zu essen haben.

5. Mose 11,12-15

Achtung vor Gott, Liebe für den Mitmenschen, Gerechtigkeit und ein umweltfreundlicher Lebensstil – all das, was das Gesetz von den Menschen verlangte, würde Segen und ein intaktes Ökosystem zur Folge haben. Doch weil die Israeliten sich nicht daran hielten, weil sie dazu nicht in der Lage waren, kam alles anders. Und so musste Gott den Israeliten etwa siebenhundert Jahre später durch den Propheten Jeremia verkünden:

> Ja, ich war es, ich brachte euch in ein fruchtbares Land, um euch mit all den Köstlichkeiten zu speisen, die es hervorbringt. Aber kaum wart ihr dort, habt ihr mein Land verdorben und mir mein Eigentum zum Abscheu gemacht.

Jeremia 2,7

Gott war entschlossen, den Israeliten ein herrliches Stück Land zu geben, in dem sie und ihre Kinder, Enkelkinder, ja sogar noch ihre Urururenkelkinder glücklich und gesund hätten leben können. Doch die Israeliten gingen ihren eigenen Weg.

Was im Kleinen für die Geschichte Israels gilt, gilt in vergleichbarer Weise für uns alle. Wir waren eingeladen, als Gäste und verantwortungsvolle Gärtnerinnen und Gärtner in Gottes Welt zu leben. Der Schöpfer hat alles perfekt abgestimmt, damit wir in Harmonie leben können. Die Schätze der Natur, allen voran fruchtbarer Boden, standen bereit. Aber unser egoistisches Herz hat vieles kaputt gemacht. Und nicht nur die Bibel zeugt davon.

Wir sind nicht besser

In seinem Buch „Dreck. Warum unsere Zivilisation den Boden unter den Füßen verliert" eröffnet uns David R. Montgomery eine faszinierende Perspektive auf die Landwirtschaft im Laufe der Geschichte. Der Geologe schreibt:

Die Geschichte vieler Kulturen folgt im Wesentlichen einem gemeinsamen Drehbuch. Zu Beginn konnte eine wachsende Bevölkerung durch die alleinige Bewirtschaftung fruchtbarer Talsohlen ernährt werden. Ab einem bestimmten Punkt war man jedoch gezwungen, auch hängiges Gelände zu bewirtschaften. Sobald der Boden durch Beseitigung der Vegetation und fortwährende Bearbeitung brach lag und damit Regen und Abfluss ausgesetzt war, erfolgte ein – geologisch gesehen – äußerst rascher Abtrag der Hänge. In den darauffolgenden Jahrhunderten setzten dann Nährstoffverarmung oder Bodenerosion infolge immer intensiverer Bewirtschaftung die lokale Bevölkerung unter Druck, da Ernteerträge sanken und kein Neuland mehr ver-

[52] David R. Montgomery, Dreck. Warum unsere Zivilisation den Boden unter den Füßen verliert, Oekom-Verlag, München 2010, S. 16–17.

fügbar war. Schließlich führte Bodendegradation dazu, dass die wachsende Bevölkerung nicht mehr mittels Ackerbaus ernährt werden konnte [...].[52]

Ist es das, was der Prophet Micha meint, wenn er davon spricht, dass die Berge zu Tälern werden und wegschmelzen, als seien sie Wasser, das den Abhang hinabschießt (vgl. Micha 1,4)? Meint er damit vielleicht schlicht und einfach die Bodenerosion? Einen Vers weiter gibt er uns die Erklärung für das seltsame „Wegschmelzen": „Das alles geschieht, weil die Leute von Israel gesündigt und dem Herrn nicht gehorcht haben" (Micha 1,5). Anders ausgedrückt: Sie haben sich vom guten Schöpfer abgewandt und seine guten Prinzipien für den Umgang mit der Natur missachtet. Sie haben kurzfristigen Profit und Eigenvorteil über Gerechtigkeit und Achtung für Gott und seine Schöpfung gesetzt.

Und es hörte nicht auf. Justus von Liebig, einer der bedeutendsten deutschen Chemiker, der sein Leben der Forschung für die Landwirtschaft widmete, schrieb:

Alle Länder und Gegenden der Erde, in welchen der Mensch nicht Sorge trug, seinen Feldern die Bedingungen der Wiederkehr seiner Ernten zu erhalten, sehen wir von der Periode der dichtesten Bevölkerung an nach und nach der Unfruchtbarkeit und Verödung verfallen.[53]

Was also den Israeliten zu schaffen machte, gilt auch für uns heute. Johannes Hartl drückt es in seinem Buch „Eden Culture" so aus: „Was damals in Eden zerbrochen ist, betrifft den innersten Punkt des Menschen. Kein politisches System kann es heilen. Das Herz des Problems ist das Problem des Herzens."[54]

In jedem Zeitalter, in jedem Volk und in jeder Kultur sehen wir die ökologischen Spuren dieses Herzens-Geschwürs. Epochen kommen und gehen, Kulturen und Königreiche

[53] Justus von Liebig, Die Naturgesetze des Feldbaues, Verlag Friedrich Vieweg und Sohn, Braunschweig, 8. Ausgabe 1865, S. 248.

[54] Johannes Hartl, Eden Culture. Ökologie des Herzens für ein neues Morgen, Verlag Herder GmbH, Freiburg im Breisgau 2021, S. 269.

steigen auf und gehen wieder zugrunde. Aber das Wesen des Menschen bleibt gleich. So viel Schönes der Mensch auch hervorbringen kann, er schafft es nicht, absolut harmonisch und gut zu leben.

Nach der Geschichte, die in Eden passiert ist, ist „das Grundproblem des Menschen, dass er sich zwar nach Verbundenheit, Sinn und Schönheit sehnt, sich aber in einem Akt des Misstrauens von der Quelle all dessen abgeschnitten hat. Aus dieser tiefen Spaltung heraus hat er ein Lebenskonzept entwickelt, das immer wieder neue Spaltung, neue Sinnlosigkeit und die Zerstörung des Schönen hervorbringt", so Johannes Hartl. „Die verhängnisvolle Macht dieses Lebenskonzeptes nennt die Bibel Sünde. Und überall bringt es das hervor, was das menschliche Ökosystem verpestet. Trennung, Lüge und Hässliches. Wenn ein Ökosystem jedoch kippt, wird es toxisch. Tödlich."[55]

55 Ebd.

Seht und schmeckt

„Es wird euch an nichts fehlen", versprach Gott den Israeliten (5. Mose 8,9b). Und diese Worte hallen ganz besonders auch in Deutschland, im „reichen Westen", nach. „Wenn ihr euch dann satt essen könnt, sollt ihr dem Herrn, eurem Gott, aus vollem Herzen danken für das gute Land, das er euch gegeben hat" (5. Mose 8,10).

Tun wir das von ganzem Herzen? Danken wir unserem Schöpfer oder schreiben wir alles uns selbst zu? Hören wir, wie Gott auch heute zu uns spricht:

> [...] lasst euch nicht einfallen zu sagen: „Das alles haben wir uns selbst zu verdanken. Mit unserer Hände Arbeit haben wir uns diesen Wohlstand geschaffen." Seid euch vielmehr bewusst, dass der Herr, euer Gott, euch die Kraft gab, mit der ihr dies alles erreicht habt.

5. Mose 8,17-18b

Undankbarkeit, Gier, Krieg und Achtlosigkeit unserem Schöpfer gegenüber machen unser Ökosystem toxisch.

Ich erinnere mich an ein besonderes Erlebnis, durch das mir neu bewusst wurde, wie Dankbarkeit, Abhängigkeit von Gott und ein intaktes Ökosystem zusammenhängen. Ich war erst vor einem Jahr in Deutschland angekommen. Bis in einen goldenen Herbst hinein erwartete mich eine üppige Brombeerernte. Voller Freude stürzte ich mich auf die wilden Brombeerhecken, die entlang der S-Bahn-Gleise wuchsen. Eimer um Eimer füllte ich mit den köstlichen Früchten. Was für ein Glücksgefühl war das, die aromatischen, schwarzen Beeren zu naschen. Ein wahrer Eden-Moment. Während ich mich dieser Wonne hingab, kam spontan ein Dankgebet in mir auf. Wie konnte ich nicht danken für diese Fülle, die mich umgab? Ich erinnerte mich an einen Psalmvers: „Schmeckt und seht, dass der Herr gütig ist!" (Psalm 34,9a; ELB). Die Brombeeren waren für mich ein buchstäblicher Beweis dafür, wie gut und freundlich mein Schöpfer ist. Und sie wurden mir in den kommenden Monaten zu einem Symbol dafür, dass mein Vater im Himmel mir nah war und mich versorgte, auch wenn ich gerade weit weg von Kroatien war, dem Land, in dem ich aufgewachsen bin.

Später fand ich jedoch heraus, dass an Bahngleisen häufig Glyphosat ausgebracht wurde, um Unkraut zu vernichten. Dieses weltweit am häufigsten eingesetzte Herbizid gelangte in den letzten Jahren zunehmend in die Kritik. Die WHO stufte es 2015 als wahrscheinlich krebserregend ein. Zwischenzeitlich wurde Glyphosat in der EU verboten.[56] Von da an musste ich häufig, wenn ich in der S-Bahn saß und die verbliebenen Unkräuter betrachtete, an unseren Umgang mit der Schöpfung denken. An die Brombeeren, die ich so unbekümmert und glücklich genascht hatte. Und an die Disteln, die ich manchmal entlang der Bahngleise in Kroatien entdeckt hatte. Disteln sind, wie der Name schon sagt, eines der Leibgerichte des Distelfinken, und ab und an hatte ich das große Privileg, diesen prächtigen, bunten Vogel mitten in

[57] Vgl. NABU, Bunt und gesellig. Der Stieglitz im Porträt: nabu.de/tiere-und-pflanzen/aktionen-und-projekte/vogel-des-jahres/stieglitz/20574.html.

[56] Vgl. Beleg WHO.

der Stadt an Disteln picken zu sehen. Laut NABU hat sich der Distelfink-Bestand in Deutschland in den letzten 25 Jahren halbiert.[57]

Wie viel Raum finden Wildtiere noch in unseren menschlich gemachten Umgebungen? Wie viel Raum geben wir der Dankbarkeit und Demut gegenüber unserem Schöpfer? Und was braucht es, damit es zu wahrer Veränderung kommt?

Mehr als Moralpredigten

Wenn ich mit Freundinnen und Freunden oder Bekannten über aktuelle Umweltprobleme spreche, kommen wir erstaunlich häufig zu einem Schluss: Das tiefer liegende Problem hinter Fast Fashion, Plastikmüll und Klimawandel ist unsere Bequemlichkeit, unser Egoismus. Wir Menschen müssen uns ändern. Der Kern der Umweltkrise schlummert tief in unseren Herzen. Hört sich an wie Hosea 4, nicht wahr? Wahrheit ist nicht immer angenehm ...

Wahrscheinlich wirst auch du dir täglich bewusst, dass in deinem Herzen und in den Herzen deiner Mitmenschen Gift schlummert. Und ich glaube, dass hier auch geistliche Mächte am Wirken sind.

Sogar immer mehr Forschende sprechen davon, dass die aktuelle Umweltkrise im Kern eine geistliche und ethische Krise ist. Technologie und Gesetze können auf dem Weg zu Lösungen vielleicht helfen, aber sie werden nicht die nachhaltige Veränderung schaffen, die wir brauchen.

„Letztlich ist unser wirtschaftliches und soziales Verhalten in unseren tiefsten moralischen und geistigen Beweggründen verwurzelt", schrieb Maurice Strong, Generalse-

> Das tiefer liegende Problem hinter Fast Fashion, Plastikmüll und Klimawandel ist unsere Bequemlichkeit, unser Egoismus.

[58] Übersetzt nach: Hilary Marlow, Creation, humanity and hubris in the Hebrew Bible. In: Practical Theology 15 (5), 2022, S. 492.

kretär der UN-Konferenz über Umwelt und Entwicklung in Rio de Janeiro 1993. „Wir können nicht erwarten, dass wir die grundlegenden Veränderungen, die in unserem Wirtschaftsleben notwendig sind, herbeiführen können, wenn sie nicht auf unseren höchsten und besten moralischen, geistlichen und ethischen Traditionen beruhen, auf der Ehrfurcht vor dem Leben, dem Respekt voreinander und dem Einsatz für einen verantwortungsvollen Umgang mit der Erde. Der Übergang zu einer nachhaltigen Gesellschaft muss von einer moralischen, ethischen und geistlichen Revolution getragen werden."[58]

Die Rolle von Glaubensüberzeugungen als Lösung für die Umweltkrise bekräftigten die Vereinten Nationen nochmals im Jahr 2017, als sie die Initiative Faith for Earth ins Leben riefen. Die Stimmen werden lauter, die erkannt haben, dass wir die Umweltkrise nicht allein mit Moralpredigten, politischen Absichtserklärungen und wissenschaftlichen Berichten lösen können.

So schrieb auch die Friedensnobelpreisträgerin Wangari Maathai, die durch das Pflanzen von Millionen von Bäumen bekannt geworden ist:

[59] Übersetzt nach: Wangari Maathai, Replenishing the Earth. Spiritual Values for Healing Ourselves and the World, Doubleday Religion 2010, S. 25.

Wir haben die Macht, die Erde zu einem Ziel zu führen, das auch für unsere eigenen Ziele von Nutzen ist. Werden wir unsere Verhaltensweisen und Werte rechtzeitig anpassen, um unsere eigene Zerstörung zu verhindern? Diese Fragen verlangen nach mehr als nur einer wissenschaftlichen Antwort, weshalb die ökologische Krise sowohl eine physische als auch eine geistliche ist. Ihre Bewältigung erfordert eine neue Bewusstseinsebene, in der wir verstehen, dass wir zur größeren Familie des Lebens auf der Erde gehören.[59]

Die meisten Menschen wollen heute nachhaltig leben und sorgen sich um die Zukunft unseres Planeten. Doch warum ändert sich in der Praxis dann so wenig?

Eine kürzlich in zehn Ländern durchgeführte Umfrage ergab, dass 62 Prozent der Menschen den Klimawandel derzeit als das größte Umweltproblem einstufen. Aber fast die Hälfte (46 Prozent) der Befragten glaubten nicht, dass sie ihre Angewohnheiten ändern müssten, um den Planeten zu schützen.[60]

60 Vgl. Kantar Public, Our Planet Issue. Accelerating behaviour change for a sustainable future, Ausgabe 4, 2021. S. 2, 9.

Der Schlüssel zur Rettung

Slobodan hätte sich vor einigen Jahren wahrscheinlich noch nicht einmal in der Nähe derer gesehen, die um die Umwelt besorgt sind. Doch heute gehört der 48-jährige Familienvater, der immer zu Späßen aufgelegt ist, zu unserer christlichen Naturschutz-Gruppe A Rocha in Kroatien.

Obwohl er auf dem Land aufgewachsen ist, entfremdete er sich später zunehmend von der Natur. Das zeigt eine Begebenheit ziemlich deutlich: Vor einigen Jahren fuhr er mit Melody, ebenfalls Mitglied unserer Gruppe, durchs Land. Gedankenlos öffnete er das Fenster und begann, Papierschnipsel an den Straßenrand zu werfen. Er wollte ihr eigentlich nur helfen, ihr Auto aufzuräumen ... Melody traute ihren Augen nicht und hielt geschockt das Auto an. Sie bat Slobodan, den Müll aufzusammeln, gefolgt von einer leidenschaftlichen Rede für den Schutz unserer Umwelt. Doch dafür, dass Slobodan sich Jahre später sogar A Rocha anschloss, bedurfte es etwas mehr ...

Was genau ist es, dass die Weltanschauung von Menschen wie Slobodan so drastisch umkrempelt? Was führt dazu, dass Menschen nicht nur von Werten und Idealen sprechen, sondern ihr Verhalten ändern?

Für Slobodan, der einst ganz selbstverständlich Müll zum Fenster hinauswarf, war es ein Vortrag von Dave Bookless, der sein Leben umkrempelte. Dave Bookless ist Theologe und Mitgründer von A Rocha UK. In seinem Vortrag sprach er von

61 Vgl. Papst Franziskus, Laudato si', 2015, Abschnitt 217.

der biblischen Sicht auf die Erde und unserem Umgang mit ihr. Slobodan erkannte durch diesen Vortrag auf einmal, dass wir nicht nur in der Welt leben, um „geistlich zu sein". Heute setzt sich Slobodan sowohl in seiner Kirche als auch in seiner täglichen Arbeit als Schreiner für einen nachhaltigen Umgang mit den Ressourcen der Erde ein. Was hörte Slobodan in diesem Vortrag, das ihn sprichwörtlich vom Saulus zum Paulus machte? Das ihn, wie Papst Franziskus es bezeichnet, eine ökologische Umkehr erleben ließ?[61] Und was ist es, das auch die Israeliten brauchten, um sich nicht selbst den Untergang zu bereiten? Eines kann ich schon verraten: Es braucht mehr als eine Liste von Geboten. Es braucht etwas viel Tieferes.

Lass uns im zweiten Teil dieses Buches Gottes erstaunlichem Rettungsplan für seine Schöpfung auf die Spur kommen. Kommst du mit, um mit mir den kraftvollsten Hoffnungssamen für unsere Erde zu entdecken?

Teil 2
Wo Hoffnung keimt

Ein neues Herz

Entschiedenen geht Zoltan zum Pult am Ende des Hörsaals. Das ist kein scheuer Mann, denke ich, während er das Mikrofon in die Hand nimmt. „Ich liebe Fleisch und Autos mit Dieselmotoren, und es ist mir nicht so wichtig, was mit meinem Müll passiert", beginnt er zu erzählen, und alle im Hörsaal müssen schmunzeln. Es ist der letzte Tag unserer Konferenz zum Thema „Christsein und Nachhaltigkeit in Ost- und Mitteleuropa". „Ich wollte eigentlich überhaupt nicht hierherkommen", fährt Zoltan fort. „Aber meine Tochter ist sehr besorgt wegen des Zustands unseres Planeten, und da hab ich mich überreden lassen, mir eure Konferenz mal anzuschauen. Jetzt hab ich euch drei Tage lang zugehört. Und während eines Vortrags hab ich auf einmal verstanden: Dieses ganze Gelaber von wegen Nachhaltigkeit und Naturschutz, das hat ja etwas mit meinem Glauben an Gott zu tun! Wenn ich die Umwelt schütze, dann tue ich das aus Liebe für Gott." Sichtlich berührt beendet er seine Ausführung: „Ja, es ist Zeit, dass hier etwas passiert und dass wir anfangen, Gottes Schöpfung zu bewahren."[62]

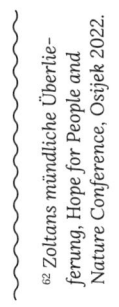

[62] Zoltans mündliche Überlieferung, Hope for People and Nature Conference, Osijek 2022.

Zoltan ist schon seit Jahren überzeugter Nachfolger Jesu. Und natürlich beeinflusst sein Glaube maßgeblich seine Art, zu denken und handeln. Doch warum konnte er bis vor Kurzem noch nichts mit Umweltschutz anfangen? Nachdem ich Zoltans und auch Slobodans Geschichte aus dem letzten Kapitel gehört hatte, wurde ich neugierig: Was bewegt uns? Was verändert uns? Stimmt es, dass Menschen sich erst ändern, wenn es wehtut – aus Angst oder wenn es ans Geld geht –, oder steckt doch mehr dahinter?

Die Wüste lebt

In einer britischen Studie befragte man Managerinnen und Manager kleiner und mittlerer Unternehmen, die sich für die Umwelt einsetzten, was sie eigentlich dazu bewegt hatte. Interessanterweise fanden die Verantwortlichen der Studie heraus, dass Werte ein stärkerer Antrieb für nachhaltiges Handeln waren als Gesetze und ökonomische Zwänge.

„Zwar spielten wirtschaftliche Argumente und äußerer Druck eine Rolle bei ihrem Umweltengagement, doch die vielleicht wichtigste Motivation für die Manager in dieser Studie, sich mit Umwelt- und Klimathemen zu beschäftigen, waren persönliche Werte und Überzeugungen", lautete das Fazit der Forschenden.[63] Scheinbar motivieren uns Werte mehr als Zwang und Geld.

Die Prophetinnen und Propheten in Israel gelangten vermutlich schon damals zu einem ähnlichen Schluss, wenn sie verzweifelt auf all das Unrecht um sich herum blickten. Und auch die Schreiber des Alten Testaments hatten erkannt, dass es mehr als ein ellenlanges Regelwerk bedarf, um gut und richtig zu leben. Du kannst jede einzelne Vorschrift auswendig kennen und trotzdem ein kaltherziger, erbarmungsloser Mensch sein. Stichwort: Pharisäer. Diesen jüdischen Gesetzeslehrern führte Jesus besonders gern vor Augen, wie weit sie sich von Gottes Herzen entfernt hatten. Die ganze Menschheit brauchte und braucht eine tief greifende Veränderung. Genau das brachte Gott durch den Propheten Hesekiel auf den Punkt:

Scheinbar motivieren uns Werte mehr als Zwang und Geld.

Ich gebe euch ein neues Herz und einen neuen Geist. Ich nehme das versteinerte Herz aus eurer Brust und schenke euch ein Herz, das lebt. Ich erfülle euch mit meinem Geist und mache aus euch Menschen, die nach meinen Ordnungen leben, die auf meine Gebote achten und sie befolgen.

Hesekiel 36,26-27

[63] Vgl. Sarah Williams/Anja Schaefer, Small and Medium-Sized Enterprises and Sustainability: Managers' Values and Engagement with Environmental and Climate Change Issues. In: Business Strategy and the Environment, 22 (3), 2013, S. 173-186.

Hört sich atemberaubend an, nicht wahr? Ein paar Sätze später erfahren wir, welche Auswirkungen diese erneuerten Herzen auf die Schöpfung haben würden: „Ich sorge dafür, dass ihr nicht mehr unter den Folgen eurer unreinen Taten leiden müsst" (Hesekiel 36,29a).

Wir haben es im ersten Teil dieses Buches bereits gesehen: Die tiefere Ursache für das Leid der Erde und ihrer Bewohnerinnen und Bewohner war und ist die Sünde. Aber Gott versprach den Menschen durch Hesekiel, dass er sie von ihrer Schuld reinwaschen und alles erneuern würde: Städte, Felder, Wälder. „Dieses Land war eine Wüste, jetzt ist es wie der Garten Eden geworden!" (Hesekiel 36,35b).

Ganz spektakulär war Hesekiels Vision vom Fluss, der von Gottes Tempel ausgehen und Leben schenken würde (vgl. Hesekiel 47,1-20). Hinter diesem Bild steht eine geheimnisvolle Person, die diese Erneuerung der Erde und des Volkes Gottes einläuten würde. Ein guter Hirte:

> Ich setze über meine Herde einen einzigen Hirten ein,
> der sie auf die Weide führen und für sie sorgen wird:
> einen Nachkommen Davids, der meinem Diener David
> gleicht. Er wird ihr Hirt sein und ich, der Herr, werde
> ihr Gott sein.

Hesekiel 34,23-24a

Und dann, circa sechshundert Jahre später, trat ein einfacher Zimmermann aus Nazareth auf die Bühne. Einer, der behauptete, dieser gute Hirte, der versprochene Retter, die Quelle lebendigen Wassers zu sein. Ein Mensch aus Fleisch und Blut, der Wunder tat und Menschen heilte. Einer, der behauptete, sogar Sünden vergeben zu können.

Gott in einem menschlichen, physischen Körper. Wie konnte das sein? Für die Menschen der damaligen Zeit stellte er die Vorstellung, wie der versprochene Retter zu sein hatte, gründlich auf den Kopf. Und auch dieses neue „Königreich Gottes", das Jesus verkündete, war so radikal anders als alles, was man kannte. Jesus rief die Menschen nicht dazu auf, sich noch mehr mit Gesetzen zu quälen. Er kam auch nicht, um eine Religion zu begründen oder gewaltsam die Macht an sich zu reißen. Ganz im Gegenteil. Er kam, um Kranke zu heilen, zu einer veränderten, barmherzigen Herzenshaltung aufzurufen, Gottes Absicht hinter den Gesetzen aufzudecken, den Menschen zu dienen und neues Leben zu bringen.

Einfach gesagt kam er, um der Welt Gottes Liebe zu bringen, und zwar ganz konkret. Damit brachte er Gottes Erneuerungsplan für seine gesamte Schöpfung ins Rollen. Wollen wir gemeinsam hinter den Vorhang dieses gewaltigen Projektes Gottes schauen?

Gottes Liebe – für wen?

> Denn so hat Gott die Welt geliebt, dass er seinen einzigen Sohn gab, damit jeder, der an ihn glaubt, nicht verloren geht, sondern ewiges Leben hat.

Johannes 3,16; ELB

Vermutlich hast du diesen Vers schon Hunderte Male gelesen oder gehört. Und vielleicht geht es dir wie mir und du hast dabei jedes Mal automatisch „Welt" mit „Menschen" gleichgesetzt.

Doch wusstest du, dass im griechischen Original für Welt das Wort „Kosmos" steht?[64] Ja, Gott ist an der Erlösung von uns Menschen gelegen. Aber er hat noch viel mehr im Blick. Er liebt seine gesamte Schöpfung. In unserer individualistischen Gesellschaft vergessen wir oft, dass nicht ich, nicht einmal die Menschheit im Mittelpunkt steht. Wer die Natur betrachtet, versteht das oft intuitiv. Alles in der Natur ist verbunden, bildet ein verwobenes Netz. Wenn es der nicht menschlichen Natur schlecht geht, leidet auch der Mensch mit, und umgekehrt.

Doch Gott lag von Anfang an seine gesamte gute Schöpfung am Herzen. Erst, als ich diese grundlegende Wahrheit verstand, entdeckte ich plötzlich überall in der Bibel die Spuren von Gottes großem Heilsplan.

Ich erinnere mich noch genau an einen Vormittag, an dem ich mit geöffneten Augen das erste Kapitel des Kolosserbriefes las. Tränen strömten mir über die Wangen, als ich dort Jesus als den Herrn der ganzen Schöpfer erkannte. Als den, der seit allem Ursprung da ist. Als den, auf den alles hinausläuft.

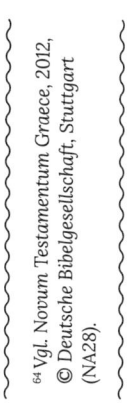

[64] Vgl. Novum Testamentum Graece, 2012, © Deutsche Bibelgesellschaft, Stuttgart (NA28).

Durch Jesus und auf ihn hin

> Denn in ihm [Christus] ist alles erschaffen worden,
> was im Himmel und auf der Erde lebt [...] Alles hat
> Gott durch ihn geschaffen, und alles findet in ihm
> sein letztes Ziel. Er steht über allem, und alles besteht
> durch ihn.

Kolosser 1,16-17

Durch Jesus hat Gott die Welt geschaffen, mit ihm als letztes Ziel. Der gesamte Kosmos – ein Liebesakt. Ist das nicht ein wunderschöner Gedanke? Jesus ist derjenige, der über der ganzen Schöpfung steht und alles zusammenhält. Er ist keine Naturgottheit, nicht identisch mit der Welt. Er ist der Herrscher, der auf Macht verzichtete. Er ist Gott, der ein demütiger Mensch wurde. Damit wurde er gleichzeitig zum „Anfang der neuen Schöpfung, der Erstgeborene aller Toten, der zuerst zum neuen Leben gelangt ist, damit er in jeder Hinsicht der Erste sei. Denn Gott gefiel es, in ihm die ganze Fülle des Heils Wohnung nehmen zu lassen" (Kolosser 1,18b-19). Heil, das bedeutet Rettung, Wiederherstellung, Erneuerung und neues Leben.

Als Gott durch Jesus auf die Erde kam, war das ein radikaler Neuanfang. Ein Neuanfang, den er unter Todesangst in einem Olivenhain noch mal bekräftigte: Jesus wollte alles für seine Geschöpfe geben, um die gesamte Schöpfung vom Fluch der Sünde zu befreien. Der König wurde zum Diener aller. Freiwillig, aus purer Liebe, gab er sein Leben als Opfer.

Am Kreuz vergoss er sein Blut, um einen neuen Bund zu schließen, der ewig Bestand haben würde. Denn es war offensichtlich, dass die Menschen von sich aus nicht gemäß Gottes Bund leben könnten. Durch Jesus, den lange ersehnten Retter, begann die angekündigte Erneuerung der gesamten Schöpfung.

Vertikale und Horizontale

Ich besitze ein kleines Holzkreuz, das ich gerne in den Händen halte. Ich fahre mit den Fingern über die vertikale Linie und denke dabei daran, wie Gott uns seine Hand ausstreckt und Frieden zwischen sich und seiner Schöpfung stiftet. Dann streiche ich über die horizontale Linie und begreife, dass Gottes Frieden nun auch zwischen Gottes Geschöpfen herrschen kann. Ich kann Frieden mit meinen Mitmenschen haben und dieser Friede kann sich auch in meinem Umgang mit der Schöpfung widerspiegeln.

> Durch ihn wollte Gott alles versöhnen und zu neuer, heilvoller Einheit verbinden. Alles, was gegeneinander streitet, wollte er zur Einheit zusammenführen, nachdem er Frieden gestiftet hat durch das Blut, das Jesus am Kreuz vergoss; alles, was auf der Erde und im Himmel lebt, sollte geeint werden durch ihn und in ihm als dem letzten Ziel.
>
> *Kolosser 1,20*

Als ich diese Zeilen an jenem Vormittag las, schrieb ich an den Rand meiner Bibel „Natur und Mensch, Landwirte und Verbraucher". Gleichzeitig richtete ich sehnsüchtig die Frage an Gott: „Wie kann Friede für die gesamte Schöpfung aussehen?" Friede – nicht nur zwischen Gott und uns Menschen, sondern für die gesamte Schöpfung! Nicht nur die Vertikale, von der man mir immer in der Kirche erzählt hatte, sondern auch die Horizontale. Durch Jesus sollte alle Rebellion, aller Streit, alles Leid, das durch den Fluch in unsere Welt gekommen war, verwandelt werden.

„Christus hat uns von dem Fluch losgekauft, unter den uns das Gesetz gestellt hatte. Denn er hat an unserer Stelle den Fluch auf sich genommen", heißt es im Brief an die Galater in Kapitel 3, Vers 13. Das klingt wie ein Echo auf Moses hoffnungsvolle Ankündigung: „Doch seinem Volk schenkt er

Mit seiner Auferstehung riss Jesus die gesamte Schöpfung in ein neues Zeitalter.

Vergebung und nimmt vom Land den Fluch der Schuld" (5. Mose 32,43b). Die lang herbeigesehnte Zeit der Erneuerung fand mit Jesus ihren Anfang. Wenn auch vermutlich niemand damit gerechnet hatte, dass der Weg dahin durch den Tod führen würde.

Wie der Same, der zunächst tot in die Erde fällt, musste Jesus Angst, Schmerz und Tod auf sich nehmen. Am Kreuz machte er sich eins mit der leidenden Schöpfung, nur, um am dritten Tag vom Tod wieder ins Leben zu gelangen. Weil er ohne Sünde war, hatte der Tod keine Macht über ihn. Und mit seiner Auferstehung riss er die gesamte Schöpfung in ein neues Zeitalter und in eine neue Dimension mit.

Still wie ein Sonntagmorgen entfalteten sich die Keimblätter des tot geglaubten Samens. Wider aller Erwartungen begann eine unscheinbare, aber dennoch kraftvolle Erneuerung.

Jesus beschreibt es im Matthäusevangelium so:

> Wenn Gott jetzt seine Herrschaft aufrichtet, geht
> es ähnlich zu wie bei einem Senfkorn, das jemand
> auf seinen Acker gesät hat. Es gibt keinen kleineren
> Samen; aber was daraus wächst, wird größer als alle
> anderen Gartenpflanzen. Es wird ein richtiger Baum,
> sodass die Vögel kommen und in seinen Zweigen ihre
> Nester bauen.

Matthäus 13,31b-32

Hast du schon einmal ein solches Samen-Wunder beobachtet? Wenn nicht, probiere es aus. Nimm einen Samen, lass ihn in der Erde „sterben" und beobachte, wie sich daraus eine Pflanze entfaltet: vom Tod zum Leben (vertikal), das sich in eine blühende Hoffnungsbewegung ausbreitet (horizontal).

Der Zimmermann

Während ich diese Zeilen schreibe, sitze ich in unserem Studentengarten. Zu meiner Rechten befindet sich ein blühendes Phacelia-Mohn-Feld, zu meiner Linken liegen ein paar Gemüsebeete. Durch den Lärm der Autos und Straßenbahnen dringt das Zwitschern der Vögel.

Meine Hände sind schmutzig, weil ich in den Schreibpausen in der Erde grabe und Gemüse anpflanze. Ich staune über die vielfältigen Insekten auf unserer blühenden Wiese. „Hier hätte es Jesus bestimmt auch gefallen", denke ich, während ich barfuß durch die Reihen gehe.

Jesus war ein einfacher Zimmermann, der den Beifall der Mengen mied und jedem Geschöpf mit Liebe und Barmherzigkeit begegnete. Trotzdem, oder gerade deswegen, ging er als vielleicht die bedeutendste Persönlichkeit, die je auf der Erde wandelte, in die Geschichte ein. Tatsächlich befähigte die Bewegung, die in ihm ihren Anfang nahm, seine Jüngerinnen und Jünger zu radikaler Selbstlosigkeit. Sie sprengte Mauern zwischen Menschen, unabhängig von Herkunft, Religion, Status und Geschlecht, und brachte sie zusammen. Gemeinsam konnten sie Brot und Wein teilen. Ksenija Magda schreibt:

> Während die Menschen zum Tisch des Herrn kommen und an seiner Gnade teilhaben, kommen sie sich auch gegenseitig näher. [...] Geistliche Nähe hilft den Menschen, sich gegenseitig kennen- und schätzen zu lernen [...] Während sie ihr Leben teilen, wird es schwierig, bei gesellschaftlichen Unterschieden und Gefühlen der Berechtigung und des Stolzes zu bleiben. Wenn meine Brüder und Schwestern so wenig haben, wie kann ich dann so viel haben?[65]

Diese Jesus-Bewegung motivierte zahlreiche Frauen und Männer, gegen Ausbeutung und Ungerechtigkeit aufzustehen. Denke zum Beispiel an William Wilberforce, Mitglied des britischen Parlaments im 18. und 19. Jahrhundert. Nach seiner Begegnung mit Jesus und seiner Bekehrung zum Christentum 1785 kämpfte er bis zu seinem Lebensende im Parlament für die Abschaffung der Sklaverei. Am 26. Juli 1833 verabschiedete das Parlament endlich das Slavery Abolition Act, ein Gesetz, das Sklavinnen und Sklaven im gesamten Britischen Weltreich Freiheit und Würde brachte. Drei Tage später starb William Wilberforce. Seine größte Motivation war dabei seine Überzeugung, dass Sklaverei und Menschenhandel nicht von Gott gewollt waren. Sein politisches Engagement für Menschenrechte wurzelte in seinem Wunsch, Gott im öffentlichen Leben zu dienen.[66]

Oder denke an Wangari Maathai, die kenianische Wissenschaftlerin und Friedensnobelpreisträgerin. Nachdem sie be-

[65] Übersetzt nach: Ksenija Magda, Blessing the Curse?, 2020, S. 221.
[66] Vgl. The Editors of Encyclopaedia Britannica, William Wilberforce – British politician: britannica.com/biography/William-Wilberforce.

obachtete, wie die kenianischen Frauen auf dem Land immer weniger Brennholz zum Kochen vorfanden, Wasserquellen versiegten und ihre Lebensmittelversorgung zunehmend unsicherer wurde, gründete sie 1977 The Green Belt Movement. Gemeinsam mit den Frauen pflanzte die Bewegung seitdem über dreißig Millionen Bäume. Die Vision dahinter: „Eine werteorientierte Gesellschaft von Menschen, die sich bewusst für die kontinuierliche Verbesserung ihrer Lebensbedingungen und eine grünere, sauberere Welt einsetzen"[67]. Wangari Maathai, die sich auch als Politikerin leidenschaftlich für ein würdevolles Leben der Frauen einsetzte, schreibt in ihrem Buch „Replenishing the Earth" über ihre Motivation dafür: „Der Dienst für das Gemeinwohl mag manchmal anstrengend oder sogar gefährlich sein, aber die Quelle [Anmerkung: Maathais Bezeichnung für Gott] und die Werte sind starke Kräfte, die uns vorwärtsbringen."[68] Ihre Motivation wurzelte in ihrem Glauben an einen Gott der Gerechtigkeit und Liebe.

In Deutschland leben rund fünfundvierzig Millionen Christinnen und Christen.[69] Stell dir vor, sie alle würden ihren Lebensstil so umkrempeln, dass damit Gott geehrt und seine Schöpfung bewahrt werden würde. Und selbst wenn nur ein kleiner Anteil von ihnen in Deutschland anders leben würde: damit könnte eine nationale, ja sogar globale Bewegung beginnen, die unsere Beziehung zur Schöpfung heilt.

Denn wissenschaftliche Studien belegen, dass nur ein kleiner Anteil der Gesellschaft reicht, um eine tief greifende Veränderung ins Leben zu rufen. Bereits 3,5 bis 5 Prozent der Bevölkerung können Bewegungen ins Leben rufen, die ganze Regime stürzen oder gesellschaftliche Forderungen durchsetzen können.[70] In Deutschland wären das 2,9 Millionen Menschen. Was wäre, wenn alle Nachfolgerinnen und Nachfolger Jesu durch eine ökologische Umkehr die nötige Wendung in der Umweltkrise ins Rollen brächten?

[67] Übersetzt nach: greenbeltmovement.org/who-we-are.
[68] Übersetzt nach: Wangari Maathai, Replenishing the Earth, 2010, S. 34.

[69] Vgl. de.statista.com/statistik/daten/studie/1233/umfrage/anzahl-der-christen-in-deutschland-nach-kirchenzugehoerigkeit/.
[70] Vgl. Malcolm Gladwell, The Tipping Point. How Little Things Can Make a Big Difference, Back Bay Books, New York 2002; Erica Chenoweth/Maria J. Stephan, Why Civil Resistance Works: The Strategic Logic of Nonviolent Conflict, Columbia University Press, New York 2011.

Schwerter zu Pflugscharen

Genau wie ich fragst du dich jetzt vermutlich, was uns davon trennt, dass unsere Beziehung zur Schöpfung heilen kann. Was ist mit all der Ungerechtigkeit, die es bis heute noch gibt? Warum hat Jesu Kommen dem kein Ende bereitet? Wo sind die Schwerter, die zu Pflugscharen werden sollten (vgl. Micha 4,3)? Wo sind die Menschen, die nur noch auf Gottes Friedensreich ausgerichtet sind?

Tatsache ist, dass wir noch immer in einem Spannungsfeld leben. Gottes Königreich ist schon angebrochen. Vergebung ist allen durch Vertrauen auf Jesus zugänglich, denn: Es ist vollbracht. Sogar die Natur befreite Gott vom Fluch (vgl. 5. Mose 32,43). Der Vorhang zwischen Menschen und Gott ist zerrissen. Aber wir Menschen schaffen es trotzdem nicht, so zu leben, wie wir eigentlich leben wollen. In unseren Herzen ist immer noch Gift.

„Das Böse ist in der Welt noch gegenwärtig", denke ich, während ich in unseren Gemüsebeeten das sogenannte „Unkraut" ausrupfe. Schließlich wollen wir in ein paar Wochen Tomaten ernten, nicht nur Quecke und Ackerwinde (auch wenn beide sogar Heilkräuter sind!). Aber das „Unkraut" auszurupfen kostet Mühe und Zeit. Und von den Paprikapflanzen, die wir kürzlich hier gepflanzt haben, ist keine Spur mehr zu sehen. Da haben die Schnecken wohl ein Festmahl gehalten! Ich bin ja immer fürs Teilen, doch irgendwas sollte auch für uns bleiben.

An diesen Beispielen wird mir deutlich, dass diese Welt nicht perfekt ist. Wir leben noch nicht in perfekter Harmonie mit Gott und seiner Schöpfung. Aber auch jetzt schon, oder gerade in diesen herausfordernden Zeiten, befähigt Jesus uns, eine Kraft für positive Veränderung zu sein.

„Wenn also ein Mensch zu Christus gehört, ist er schon ‚neue Schöpfung'. Was er früher war, ist vorbei; etwas ganz

Neues hat begonnen", schreibt Paulus im 2. Brief an die Korinther in Kapitel 5, Vers 17. Wir dürfen uns nicht davon entmutigen lassen, dass wir noch immer nicht in vollkommener Einheit mit Gott, unseren Mitmenschen und seiner Schöpfung leben. Der Anfang, dieser zarte Hoffnungssamen, lebt schon in uns! Weil Jesus sein Leben für uns zum Opfer geweiht hat, können wir in seiner göttlichen Wirklichkeit leben (vgl. Johannes 17,19). Jesus befähigt uns durch den Heiligen Geist, ihm zu dienen, zu lieben und anders zu leben. Wir können es nicht aus eigener Kraft!

> Gerade in diesen herausfordernden Zeiten befähigt Jesus uns, eine Kraft für positive Veränderung zu sein.

Kommt alle zu mir, die ihr mühselig und beladen seid

Diese Wahrheit soll, ja, muss ganz konkrete Auswirkungen auf unseren Alltag haben. Im dritten Teil dieses Buches werde ich darauf noch genauer eingehen, doch an dieser Stelle möchte ich schon mal festhalten: Weil ich weiß, dass ich in Jesus ein erfülltes Leben haben kann, muss ich die geistliche Leere in mir nicht mit materiellen Dingen stopfen. Zugegeben, das klappt nicht immer. Aber im Grunde meines Herzens weiß ich, dass es mir an nichts mangelt (vgl. Psalm 23).

Wangari Maathai bringt es auf den Punkt: „Die Zerstörung der Umwelt wird von einem unstillbaren Verlangen nach mehr angetrieben."[71] Neulich habe ich im Vorbeigehen eine kurze Unterhaltung mitgehört, die mir diese Diagnose bestä-

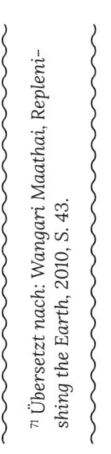

[71] Übersetzt nach: Wangari Maathai, Replenishing the Earth, 2010, S. 43.

tigte. Zwei jungen Mädchen unterhielten sich im Park: „Wenn ich bloß mehr Geld hätte", sagte die eine, „wo käme ich da an ein Ende? Ich brauche neue Schuhe, neue ...", und begann ihrer Freundin all die Dinge aufzuzählen, die sie „brauchte".

Als Jugendliche war ich kaum anders als diese jungen Mädchen. Ich muss gestehen, dass ich eine Zeit lang ganz versessen darauf war, wieder ein brandneues Kleidungs- oder Schmuckstück zu besitzen. Mit Begeisterung streunte ich durch die Damenabteilung der Shopping-Zentren. Als ich Jahre später lernte, was die Modeindustrie für die Umwelt und die Näherinnen und Näher in Asien bedeutet, änderten sich meine Sicht und mein Verhalten. Doch noch wichtiger als dieser Lernprozess war die aufkeimende Erkenntnis: Ich bin nicht, was ich besitze. Mein Wert misst sich nicht an meiner Kleidung, meinem Aussehen und meinen materiellen Reichtümern. Meine Identität und meine Erfüllung kommen in erster Linie von Gott. „Stellt euch unter meine Leitung und lernt bei mir; dann findet euer Leben Erfüllung" (Matthäus 11,29b).

Ich bin überzeugt davon, dass Frieden mit Gott unseren unersättlichen Hunger nach immer mehr stillen kann. Wenn nicht mehr ich, sondern Jesus im Zentrum meines Lebens steht, ändert das alles!

Ein erfülltes, freudiges Leben in enger Verbindung mit unserem Schöpfer nimmt uns nach und nach das Bedürfnis, uns vor anderen beweisen, immer die modernsten Klamotten, das neueste Auto besitzen zu müssen. Stell dir vor, wie viele Tonnen an Kleidungsmüll, welche Berge an Plastik und Verpackungen, wie viele Gigatonnen CO_2 uns das ersparen könnte!

„Sammelt keine Schätze hier auf der Erde! Denn ihr müsst damit rechnen, dass Motten und Rost sie zerfressen oder Einbrecher sie stehlen" (Matthäus 6,19). Würde Jesus heute leben, hätte er sicherlich hinzugefügt: „... und dass durch ihre Herstellung und Entsorgung Gottes gute Welt leidet." Nach mehreren Umzügen und Kleidertauschpartys kann ich es selbst bezeugen: Mit weniger Dingen lebt es sich so viel leichter!

In Jesus finden wir Erfüllung und Sinn. Wir müssen dann nicht mehr unseren Impulsen nach materieller Sicherheit und Prestige nachgeben. „Sammelt lieber Schätze bei Gott", rät Jesus seinen Zuhörerinnen und Zuhörern. „Denn euer Herz wird immer dort sein, wo ihr eure Schätze habt" (Matthäus 6,20a-21).

In solch einer Welt möchte ich leben. Einer Welt, in der das zählt, was wir in Gottes Kraft tun. In der unsere Liebe zu Gott und zu seiner gesamten Schöpfung unser gesamtes Denken und Fühlen durchdringt. In der wir selbst Teil des Schöpfungsaktes werden, indem wir unsere Liebe in konkreten Taten äußern. Die Liebe muss mehr in die Werke als in die Worte gelegt werden, sagte einst Ignatius von Loyola.[72] Praktische Liebe verschenkt aus freien Stücken – das ist die einzige angemessene Antwort auf Gottes liebevolles Ja zu uns.

[72] Vgl. Ignatius von Loyola, Die Exerzitien, Johannes Verlag Einsiedeln, 12. Auflage, Freiburg 1999.

Vermutlich gibt es aber auch manche Menschen, die jetzt sagen: „Sicher, Gottes Schöpfung, der sinnbildliche ‚Garten', ist wichtig. Und unsere Umkehr zu Jesus hat das Potenzial, das Blatt in der Umweltkrise radikal zu wenden. Denn Jesus befähigt uns, aus Liebe statt aus Egoismus zu handeln. Aber wäre es nicht dennoch viel wichtiger, ‚Seelen zu retten' und den ‚Garten' anderen zu überlassen? Geht es nicht vielmehr darum, dass wir gerettet werden und ‚in den Himmel' kommen?" Da stellt sich dann auch unweigerlich die Frage, was wir Menschen und Gottes „Garten" von der Zukunft zu erwarten haben, wenn wir davon sprechen, dass wir „in den Himmel" kommen. Diesen Fragen wollen wir im nächsten Kapitel nachgehen.

Ich bin nicht,
was ich besitze.

Himmel auf Erden

Es ist Mittag. Der provenzalische Sommer neigt sich langsam seinem Ende entgegen. Eine fröhliche Gesellschaft hat sich um einen Tisch versammelt. Die alten Lindenbäume und das ehrwürdige Herrenhaus werfen ihre Schatten auf uns. Wir befinden uns in einem der Zentren der christlichen Naturschutzorganisation A Rocha. Gemeinsam mit meiner besten Freundin Lina bin ich dort für zwei Wochen als Freiwillige.

Unser Alltag besteht aus den verschiedensten Aufgaben: Hühner füttern, abwaschen, putzen, gärtnern, Berge von Pflaumen zu Marmelade verarbeiten, Kinder hüten und ganz wichtig: täglich gemeinsam draußen um einen langen, schön gedeckten Tisch sitzen und genüsslich essen.

Um diesen reich gedeckten Tisch sitzen alle: Mitarbeitende, Freiwillige, Seminarbesucherinnen und -besucher, Alt und Jung, Forschende und Laien. Anregende Gespräche über Naturschutz und Theologie vermischen sich hier gut und gerne mit viel Gelächter und Geschichten. Während die weite, hügelige Landschaft um uns herum in ein goldenes Licht getaucht wird, genießen wir die frische Brise unter der mächtigen Linde und stoßen mit einem Glas guten französischen Weines an.

Viele der Zutaten für dieses herrliche Essen stammten entweder aus der Gegend oder sogar direkt aus dem eigenen ökologischen Gemüsegärtchen. Ich erinnere mich immer noch lebhaft daran, wie wir gemeinsam Bohnen putzten und Gurken und Tomaten aus dem Garten pflückten. Und nicht zu vergessen, wie wir täglich die Eier aus dem Hühnerstall sammelten. Die zwei Wochen in Frankreich werden mir immer in himmlischer Erinnerung bleiben. Wenn es so schon auf Erden sein kann, wie wird das dann erst im Himmel sein?

Perspektive Ewigkeit

Vielleicht geht es dir wie mir und deine Vorstellung vom Himmel oder dem Paradies war immer mit einem diffusen Wolkenreich verknüpft: Es ist dort immer sonnig. Engel sitzen auf Wolken und spielen Harfe, wir singen den ganzen Tag als weiß gekleidete Gestalten im Chor und irgendwo sitzt Gott als bärtiger, alter Mann auf dem Thron. Hast du ähnliche Bilder im Kopf? Oder stellst du dir den Himmel ganz anders vor?

Ich zumindest bin mit der Vision von einem Leben nach dem Tod aufgewachsen, in der letztendlich nur menschliche Seelen zählen. Und um ehrlich zu sein, finde ich dieses Bild vom Himmel ziemlich langweilig. Doch etwas in mir begann sich seit meiner Zeit in Frankreich zu regen. Ein Hoffnungsschimmer. Könnte Gottes Vision von der Zukunft – und der damit verwobenen Gegenwart – doch etwas kreativer, majestätischer und vor allem hoffnungsvoller aussehen? Was hat Gott mit dieser Erde vor? Ist sie ihm überhaupt wichtig oder geht es ihm nur darum, „Seelen zu retten"? Was bedeutet das für uns und Gottes Erde jetzt, hier und heute?

Ich möchte dir vier Gründe nennen, warum ich glaube, dass Gott unsere Erde unglaublich wichtig ist – auch aus der Perspektive Ewigkeit. Wir werden uns gemeinsam einige Bibelstellen anschauen, die du so vielleicht noch nie gelesen hast. Lass dich überraschen!

1. Kein Müll in Gottes Welt

Eden war der Ort, an dem Himmel und Erde sich überschnitten.

Sanft fällt das Buchenblatt auf den weichen, moosigen Boden. Der herbstliche Wald leuchtet in allen Farben, von strahlendem Gelb bis feurigem Rot. Und manchmal, wenn ein besonders verspielter Wind weht, scheint der ganze Wald zu tanzen.

Sobald das bunte Laub den Boden berührt, beginnt es zu verwesen. Mikroskopisch kleine Bakterien, Pilze und Insekten, Sauerstoff und Wasser spielen alle eine Rolle in diesem komplexen Zersetzungsprozess. Dabei werden auch die in den Blättern enthaltenen Nährstoffe wieder frei und bereichern den Boden. Im nächsten Frühling nehmen die jungen Buchenkeimlinge genau diese Nährstoffe wieder auf, um einmal eine große mächtige Buche zu werden. Und die uralte Geschichte beginnt von Neuem ...

Dieses Prinzip, das wir heute Recycling nennen, hat Gott von Anfang an in die DNA seiner Schöpfung geschrieben. Altes stirbt und wird zu etwas Neuem. Gibt es einen Grund, zu glauben, dass dies nicht auch für Gottes gute Erde gilt?

Kehren wir noch einmal ganz an den Anfang zurück. Der allererste Satz der Bibel lautet: „Am Anfang schuf Gott Himmel und Erde." Und Gott hat alles für gut, ja sogar sehr gut befunden. Er findet Gefallen an seiner Schöpfung. Warum sollte er sie dann plötzlich aufgeben oder gar vernichten? Der neutestamentliche Theologe N. T. Wright schreibt in seinem Buch „Von Hoffnung überrascht":

Das Neue Testament bringt nirgends die Vorstellung, dass Gott dann, wenn der neue Himmel und die neue Erde ankommen, [...] sagen wird: „Nun, jene erste Schöpfung war wirklich nicht so gut, oder? Seid ihr nicht froh, dass wir [sie] losgeworden sind?"[73]

Oder, wie es der britische Theologe und Mitgründer Dave Bookless von A Rocha UK in seinem gleichnamigen Buch auf den Punkt bringt: „God doesn't do waste."[74]

Aber gilt das wirklich auch für die Erde? Viele von uns sind mit der Vorstellung aufgewachsen, dass die Erde, das Materielle, spätestens seit Adam und Eva nicht mehr gut und somit Gott auch nicht wichtig ist. Ganz im Gegensatz zum Himmel, der für viele ein unsichtbares, geistiges Imperium ist, in dem Gott lebt. Doch Tatsache ist, dass Gott

[73] Tom Wright, Von Hoffnung überrascht. Was die Bibel zu Auferstehung und ewigem Leben sagt, Neukirchener Verlagsgesellschaft mbH, 2. überarbeitete Auflage, Neukirchen-Vluyn 2016, S. 288.
[74] Dave Bookless, God doesn't do waste. Redeeming The Whole Of Life, IntervarsityPress, Downers Grove 2010.

beides geschaffen hat – Himmel und Erde –, und beides war gut! Eden war der Ort, an dem Himmel und Erde sich überschnitten.

Wie N. T. Wright schreibt, sind „… in der Bibel [...] Himmel und Erde füreinander geschaffen. Sie sind die beiden ineinander verzahnten Dimensionen der einen, von Gott geschaffenen Realität."[75] Zwar ist im Sündenfall wirklich das Böse in unsere gute Welt gekommen, doch bleibt Gott nicht dabei stehen. Der Himmel, so N. T. Wright, ist dazu da, „unsere gegenwärtige Welt zu heilen und wiederherzustellen"[76].

[75] Tom Wright, Von Hoffnung überrascht, 2016, S. 281.
[76] Ebd., S. 282.

2. Geläutert

Manche glauben, dass Gott eines Tages mit der bösen, materiellen Welt abrechnen und eine neue, gute, rein geistliche Welt schaffen wird, in der die körperlosen Seelen geretteter Heiliger leben werden. Tatsächlich scheinen manche Bibelstellen diese Sichtweise zu bestätigen, allen voran der Brief des Apostels Petrus.

> Sie wollen nicht wahrhaben, dass es schon einmal einen Himmel und eine Erde gab. Gott hatte sie durch sein Wort geschaffen [...] Durch das Wort und das Wasser wurde sie auch zerstört, bei der großen Flut. Ebenso ist es mit dem jetzigen Himmel und der jetzigen Erde: Sie sind durch dasselbe Wort Gottes für das Feuer bestimmt worden.

> Doch der Tag des Herrn kommt unvorhergesehen wie ein Dieb. Dann wird der Himmel unter tosendem Lärm vergehen, die Himmelskörper verglühen im Feuer, und die Erde und alles, was auf ihr ist, wird zerschmelzen [...] Der Himmel wird dann in Flammen vergehen, und die Himmelskörper werden zerschmelzen. Aber Gott hat uns einen neuen Himmel und eine

neue Erde versprochen. Dort wird es kein Unrecht
mehr geben, weil Gottes Wille regiert. Auf diese neue
Welt warten wir.

2. Petrus 3,5-6.10.12-13

Wie sollen wir diesen Text verstehen? Hier steht doch
schwarz auf weiß, dass die Erde zerstört wird, oder nicht?
Schauen wir uns den Text genauer an.

In den Versen 5 bis 6 spricht Petrus davon, dass es schon
einmal einen Himmel und eine Erde gegeben hat. Die große
Flut hat sie zerstört. Doch offensichtlich leben wir heute immer noch auf derselben Erde wie Noah
vor der Sintflut. Petrus scheint also auf
etwas anderes anzuspielen. Lesen wir
weiter. Nun schreibt Petrus, dass die
jetzige Erde für das Feuer bestimmt ist
und zerschmelzen wird. Danach wird
die perfekte neue Welt kommen.

> Gottes Projekt lautete von Anfang an: Leben schenken, segnen und erneuern.

Viele Theologinnen und Theologen
interpretieren die Flut und das Feuer
allerdings nicht als endgültige Zer-
störung der Erde, sondern sehen darin einen Hinweis auf
Gottes Reinigungsprozess. Das Böse wird ausgemerzt, das
Gute bleibt. So wie die Sintflut nur mit dem Bösen auf Erden
abrechnete, so meint Petrus hier wohl eher ein reinigendes
Feuer.

Leider haben manche Christinnen und Christen das Argu-
ment von der Zerstörung der Erde als Ausrede benutzt, mit
der Natur sorglos oder gar zerstörerisch umzugehen. Nach
dem Motto: „Gott wird diese Welt ja eh vernichten. Warum
die Umwelt schützen, wenn Gott es mit dem neuen Himmel
und der neuen Erde wieder richten wird?" Dabei geht es Gott
gerade nicht darum, seine gute Schöpfung zu verwerfen,
sondern sie zu läutern. Lass uns nun erkunden, was es mit
dieser neuen Schöpfung, von der das Neue Testament stän-
dig spricht, auf sich hat.

3. Neu-neu oder neu?

Elena hat lange für diesen Moment gespart. Jetzt ist es endlich so weit: Sie kann ihren nigelnagelneuen Traumtisch abholen. Ganz aufgeregt geht sie ins Möbelhaus und streicht verzückt über den massiven Eichentisch. Währenddessen spaziert Franziska gemütlich durch einen Secondhandmöbelladen. Plötzlich steht sie vor diesem braunroten Tisch aus Kirschholz, der sie wie magisch anzieht. Die Farbe, die Textur, der Stil, all das würde perfekt zu ihrer Wohnung passen. Der alte Tisch hat zwar hier und da einige Macken, aber das stört Franziska nicht. Genau das ist ihr Tisch. Elena und Franziska fahren an diesem Tag beide zufrieden mit ihrem neuen Tisch nach Hause. Und beide zeigen fortan jedem, der sie besucht, begeistert ihren neuen Tisch.

Doch für das, was wir im Deutschen alles als neu bezeichnen, gibt es im Griechischen zwei verschiedene Begriffe: zum einen das Wort *neos*, was „frisch, brandneu und nie dagewesen" bedeutet, zum anderen das Wort *kainos*, was „erneuert, früher schon dagewesen"[77] bedeutet. Elenas Tisch wäre also *neos* und Franziskas *kainos*.

Weißt du, welches Wort die Bibel benutzt, wenn sie vom neuen Himmel und der neuen Erde spricht? Richtig, sie benutzt immer das Wort *kainos*. Du ahnst vielleicht schon, worauf ich hinauswill. Unsere Erde wird erneuert. Gott ist nicht daran interessiert, eine herrliche Welt zu schaffen und diese dann zu zerstören. Nein, er ist ein kreativer Schöpfer, der aus Altem Neues macht und sogar seine gefallene, rebellische Schöpfung nie aufgibt. Sein Projekt lautete von Anfang an: Leben schenken, segnen und erneuern.

Schon der Prophet Jesaja hatte siebenhundert Jahre vor Christus die Vision einer erneuerten Schöpfung:

> Alle Not wird vergessen sein, ich bereite ihr ein Ende.
> Alles mache ich jetzt neu: Einen neuen Himmel schaffe ich und eine neue Erde. Dann sehnt sich niemand

[77] Vgl. Lothar Coenen (Hrsg.), Theologisches Begriffslexikon zum Neuen Testament – Studien-Ausgabe, Band 2, Theologischer Verlag R.Brockhaus, 4. Auflage der Gesamtausgabe, Wuppertal 1977, S. 973–977.

nach dem zurück, was früher einmal gewesen ist; kein
Mensch wird mehr daran denken.

Sie werden sich Häuser bauen und auch darin wohnen können. Sie werden Weinberge pflanzen und
selbst den Ertrag genießen. Sie sollen nicht bauen und
pflanzen und sich lebenslang mühen, nur damit andere den Gewinn davon haben. Alt wie Bäume sollen sie
werden, die Menschen in meinem Volk, und den Lohn
ihrer Arbeit selbst genießen!

Wolf und Lamm werden dann gemeinsam weiden, der
Löwe frisst Häcksel wie das Rind, und die Schlange
nährt sich vom Staub der Erde. Auf dem Zion, meinem
heiligen Berg, wird keiner mehr Böses tun und Unheil
stiften. Ich, der Herr, sage es.

Jesaja 65,17.21-22.25

Und auch die Zukunftsvision aus der Offenbarung spiegelt
dieses Bild wider: „Dann sah ich einen neuen [*kainos*] Himmel und eine neue [*kainos*] Erde" (Offenbarung 21,1a).
  Endlich, die lange ersehnte Vereinigung von Himmel
und Erde! Das erneuerte Eden in Form einer herrlichen
Garten-Stadt, die auf die Erde herabkommt. Hier ist keine Rede davon, dass Jesus uns in eine himmlische Sphäre
entrückt. Und als Echo auf Hesekiels Vision vom Strom, die
ich bereits erwähnt habe, fährt der Schreiber der Offenbarung fort:

Der Engel zeigte mir auch den Strom mit dem Wasser des Lebens, der wie Kristall funkelt. Der Strom
entspringt am Thron Gottes und des Lammes und
fließt entlang der Hauptstraße mitten durch die
Stadt. An beiden Seiten des Flusses wachsen Bäume:
der Baum des Lebens aus dem Paradies. Sie bringen

zwölfmal im Jahr Frucht, jeden Monat einmal. [...] In der Stadt wird es nichts mehr geben, was unter dem Fluch Gottes steht.

Offenbarung 22,1-3a

Wir sehen eine Welt, in der es kein Unrecht, keine Umweltzerstörung, keinen Fluch mehr gibt. Alles wird neu belebt und erfrischt vom Wasser des Lebens. Gott möchte seine gesamte Schöpfung erneuern, deswegen ist es nicht egal, was wir heute mit ihr tun. Unser Handeln hat Auswirkungen bis in Gottes neue Welt. Bis in Ewigkeit.

Wie genau das funktionieren wird, bleibt zumindest teilweise Gottes Mysterium. N. T. Wright drückt es so aus:

Ich weiß nicht, in welcher Beziehung der Baum, den ich heute pflanze, zu den wunderbaren Bäumen steht, die in Gottes neu geschaffener Welt sein werden, doch ich erinnere mich an Martin Luthers Worte, dass die angemessene Reaktion auf das Wissen um das morgige Kommen des Königreichs darin besteht, heute noch einen Baum zu pflanzen [...] ich weiß, dass Gottes neue Welt der Gerechtigkeit und Freude, der Hoffnung für die ganze Erde, auf den Weg gebracht wurde, als Jesus am Ostermorgen aus dem Grab kam, und ich weiß, dass er seine Nachfolger ruft, in ihm und in der Kraft des Geistes zu leben und dadurch Menschen der neuen Schöpfung im Hier und Jetzt zu sein und Zeichen und Symbole des Königreiches so auf Erden zur Welt zu bringen, wie sie im Himmel sind.[78]

Wie das praktisch aussehen kann, erfährst du im dritten Teil dieses Buches. Doch nun möchte ich dir noch einen letzten Grund nennen, warum wir sicher sein können, dass Gott unsere Erde wichtig ist. Wir haben das, wovon auch so manches Lobpreislied zeugt, im Laufe der Jahrhunderte leider immer wieder vergessen ...

[78] Tom Wright, *Von Hoffnung überrascht*, 2016, S. 238.

4. Realer als gedacht

Achtest du beim Lobpreis auf die Texte, die du singst? Ich lade dich ein, mal genauer auf die Worte zu achten, die wir in unseren Gemeinden singen, denn nicht immer ist deren Inhalt theologisch auf der richtigen Spur. Nimm zum Beispiel das Lied „Mein Heim im Himmel". Dort heißt es in der zweiten Strophe:

O Heim im Himmel, du mein Begehren!
Mein Herze sehnt sich zu dir hinauf.
Dort werd ich ewig den Heiland ehren,
nachdem vollendet ich hab mein' Lauf.[79]

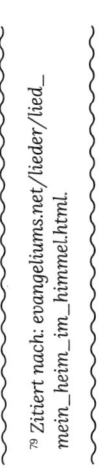

[79] Zitiert nach: evangeliums.net/lieder/lied_mein_heim_im_himmel.html.

Die Liederschreiber sehen den Himmel, das Geistliche, als das Ziel, das jetzige Leben ist dabei fast schon unwichtig. Wir befinden uns nur auf der Durchreise auf dem Weg zu unserer wahren Heimat.

Oft denken wir unbewusst in diesen Kategorien: Das Geistliche, Himmlische, ist gut, das Materielle, Irdische, ist schlecht. Der Körper ist sündig, die Seele das Einzige, was zählt. Aber mal ehrlich: Warum hätte Gott uns mit einem physischen Körper geschaffen, wenn er so unwichtig wäre? Warum hätte er uns ein Leben hier auf der Erde geschenkt, wenn es nur darum gehen würde, „in den Himmel" zu kommen?

Das Problem mit solchen Texten: Wenn ich in dieser „bösen Welt" nur auf der Durchreise bin, warum sollte ich dann etwas tun, um die Umstände hier zu ändern? Warum sollte ich die Umwelt schützen, wenn diese Erde nur ein kurzer Zwischenstopp auf dem Weg „in den Himmel" ist? Warum sollte ich mich um leidende Menschen und die stöhnende Schöpfung kümmern, wenn nur die Seele zählt?

Gerade die zunehmend individualistische, westliche Christenheit begrüßte diese Botschaft, nach dem Motto: „Unser Wirtschaftssystem zerstört die natürlichen Ressourcen zwar schneller, als sie sich wieder regenerieren können, und unser Lebensstil beschleunigt den Klimawandel und das Artensterben, aber Gott sind solche ‚weltlichen‘ Dinge ja eh nicht wichtig. Und auch unser Körper ist nicht wichtig, denn für Gott zählen vor allem unsere Seelen. Im Leben geht es nur darum, dass ich gerettet bin und ‚in den Himmel‘ komme!"

Doch wenn wir genauer hinschauen, hat so eine schöpfungsfeindliche Haltung mehr mit dem griechischen Platonismus als mit der schöpfungsbejahenden Bibel gemeinsam. Johannes Hartl schreibt dazu:

[80] Johannes Hartl, Eden Culture, 2021, S. 81.

Die Abwertung des Körperlichen hat in der europäischen Geistesgeschichte eine lange Tradition. Der Leib als Grab der Seele, die erotische Liebe zwischen Menschen nur als minderwertiger Schatten der intellektuellen Liebe zur Wahrheit, diese Gedanken formuliert schon Platon, der die Philosophiegeschichte geprägt hat wie kein Zweiter. Dieser (dem Judentum fremde, doch in Griechenland verbreitete) Dualismus beeinflusste auch die christliche Theologie und Frömmigkeit schon früh. In Verbindung mit dem asketischen Mönchsideal entwickelt sich eine Sicht auf den Körper als sündiges, weil von den Begierden getriebenes Fleisch. Dass diese Sicht der deutlich körperbejahenden Bibel klar widerspricht, verhindert nicht, dass sie die kirchliche Lehre und Praxis über Jahrhunderte hinweg tief beeinflusst.[80]

Was für den Körper gilt, gilt auf größerer Ebene für Gottes gesamte gute Schöpfung. Die ganze Bibel bezeugt, dass Gott seine Schöpfung wichtig ist: Blumen, Sterne, Fische, Steine und Menschen mit Körper, Geist und Seele!

Der größte Beweis für Gottes Ja zu seiner Schöpfung ist sein Sohn, der Mensch geworden ist. Jesus kam nicht als abstrakter Geist zur Welt. Er kam als Mensch aus Fleisch und Blut auf die Erde. Er ging über Blumenwiesen, aß Brot und trank Wein und heilte kranke Körper. In seinen Gleichnissen sprach er fast immer über die Natur und ich glaube, das lag nicht nur daran, dass den damaligen Menschen solche Beispiele geläufiger waren als uns heute. Die ganze Welt ist durch ihn geschaffen und durch ihn wird die Schöpfung erhalten. Und genau dieser Jesus kam in seine leidende Welt. Als Mensch.

Und für den Fall, dass wir dann immer noch etwas schwer von Begriff sind, ist er am dritten Tag als echter, physischer Mensch wieder auferstanden. Nicht als Geist. Und nicht nur als mein persönlicher Retter. Natürlich ist Jesus unser ganz persönlicher Erlöser, aber wir verpassen so einiges, wenn wir Jesus auf so ein romantisiertes, ichbezogenes Bild reduzieren.

Jesus war nach der Auferstehung so menschlich, dass Maria ihn am Sonntagmorgen mit dem Gärtner verwechselte. Gärtner? Auch diese Rolle dürfte uns aus Eden bekannt vorkommen. Und Jesus kam, um seine gesamte Schöpfung – die menschliche und nicht menschliche – zu erlösen.

Das ganze Universum soll wissen: Gott sagt Ja zu seiner Schöpfung! In Jesus, dem großen Gärtner und Herrn der ganzen Schöpfung, hat Gott angefangen, seine Welt neu zu ordnen. Durch die physische Auferstehung begann etwas ganz Neues. Die Auferstehung ist das Hoffnungsvollste, das uns und Gottes gesamter Schöpfung je passieren konnte! Wie N. T. Wright es so wunderschön ausdrückt:

> Die Botschaft von Ostern lautet, dass Gottes neue Welt in Jesus Christus enthüllt wurde und dass du nun eingeladen bist, dazuzugehören. Und gerade, weil die Auferstehung ein körperliches Ereignis war, selbst wenn es um verwandelte Körper ging – gerade deshalb muss die Kraft des Osterereignisses verwirklicht werden, um die Welt zu transformieren und zu heilen.[81]

[81] Tom Wright, Von Hoffnung überrascht, 2016, S. 283.

Gott ist seine gesamte Schöpfung wichtig. Aus Liebe zu ihm sollen wir sie bewahren.

Die Geburtswehen der Schöpfung

Wenn Gott durch die gesamte Bibel hindurch so klar und deutlich Ja zu seiner physischen, sehr guten Schöpfung sagt, wer sind wir dann, dass wir achtlos mit ihr umgehen? Wir haben ja bereits gesehen, dass die Umweltkrise im Grunde eine geistliche Krise ist. Sünde macht alles kaputt. Die Bibel sagt sogar, dass die ganze Schöpfung jetzt noch stöhnt, als läge sie in den Geburtswehen. Wie eine schwangere Frau, die sich auf ihr Baby freut, aber vorher noch durch die Schmerzen der Wehen gehen muss. Im Römerbrief schreibt Paulus:

> Die ganze Schöpfung wartet sehnsüchtig auf den Tag, an dem die Kinder Gottes vor aller Augen in dieser Herrlichkeit offenbar werden. Denn alles Geschaffene ist der Sinnlosigkeit ausgeliefert, versklavt an die Vergänglichkeit, und das nicht durch eigene Schuld, sondern weil Gott es so verfügt hat. Er gab aber seinen Geschöpfen die Hoffnung, dass auch sie eines Tages von der Versklavung an die Vergänglichkeit befreit werden und teilhaben an der unvergänglichen Herrlichkeit, die Gott seinen Kindern schenkt. Wir wissen, dass die ganze Schöpfung bis jetzt noch stöhnt und in Wehen liegt wie eine Frau bei der Geburt. Aber auch wir selbst, die doch schon als Anfang des neuen Lebens – gleichsam als Anzahlung – den Heiligen Geist bekommen haben, stöhnen ebenso in unserem Innern. Denn wir warten sehnsüchtig auf die volle Verwirklichung dessen, was Gott uns als seinen Kindern zugedacht hat: dass unser Leib von der Vergänglichkeit erlöst wird.

Römer 8,19-23

Jetzt noch leben wir in einer gefallenen, sündigen Welt. Wir alle spüren die Auswirkungen dessen in unserem Leben. Gottes Welt leidet und stöhnt. Aber es gibt Hoffnung! Spürst du schon die Freude des neuen Lebens, das auf uns wartet?

Eines Tages wird Gott seine gesamte Schöpfung erneuern. Das wird der Tag sein, an dem Gottes Kinder endlich vollständig seine Herrlichkeit widerspiegeln werden. Und bis dahin sind wir eingeladen, Partnerinnen und Partner bei diesem Projekt zu sein. Ja, die Schöpfung wartet sehnsüchtig darauf, dass wir schon jetzt wie gute Verwalterinnen und Verwalter leben. Wir sollen helfen, die Erde in die gute Ordnung zurückzubringen, für die sie geschaffen wurde. Als würde in und durch uns ein Stück von Gottes herrlicher Zukunft in die vergängliche Gegenwart kommen. Umweltschutz ist dabei genauso Ausdruck unserer Liebe zu Gott wie jedes Gebet, jede Liebestat, jedes Lobpreislied.

Höchste Zeit
für ein Jubeljahr

„Hier ist alles Gift." Feruz und Flanza Jahirovic müssen täglich mitansehen, wie ihre Kinder dahinsiechen. Die Jüngste, Sara, ist drei Jahre alt und hat 53,8 Mikrogramm Blei pro Deziliter Blut. Der neunjährige Mussa, der eher wie ein Vierjähriger aussieht, hat ein Bleiniveau von 43,7 Mikrogramm pro Deziliter Blut. 10 Mikrogramm Blei pro Deziliter ist die Grenze, ab der Gehirnschäden auftreten.

„Essen, Luft, Wasser, nichts kann man hier trauen", sagt Flanza, während sie ihre Tochter in den Schlaf wiegt. Ihre Kinder sind alle krank. Gliederschmerzen, Kopfschmerzen, epileptische Anfälle, Konzentrationsstörungen und Lernschwierigkeiten, das sind alles Folgen der Bleivergiftung. Die Kinder wachsen zu langsam, können nicht richtig laufen und sehen, vergessen, was sie eben gehört haben, während das Blei ihr Zahnfleisch verrotten lässt.

„Ich sehe, wie sie sterben, und ich kann ihnen nicht helfen", sagt Feruz verzweifelt.[82]

Das bleiverseuchte Camp, in dem die Familie Jahirovic gemeinsam mit vielen anderen Roma-Familien lebte, war nur eines von vielen und ein hässlicher Schatten, den die Kriege auf dem Balkan in den 1990er-Jahren zurückgelassen hatten. Der Kosovo-Konflikt war bereits am Deeskalieren, aber die von allen verachtete Roma-Minderheit bekam den giftigen Hass erst jetzt richtig zu spüren.

Nachdem die Roma aus ihren bisherigen Behausungen gewaltsam vertrieben worden waren, suchten die Vereinten Nationen eine neue Unterkunft für sie. 1999 brachten sie etwa sechshundert Roma neben einem Silber-Zink-Blei-Bergbau- und Verhüttungskomplex namens Trepca im Kosovo unter. Was von den Vereinten Nationen nur als vorübergehende Lösung dargestellt wurde, zog sich bis 2013 hin.[83] Und das, ob-

82 Übersetzt nach: J. Malcolm Garcia, Here Everything is Poison. In: VQR. 86 (4), 2010.

83 Vgl. Envorinmental Justice Atlas: ejatlas.org/conflict/the-un-resettled-600-roma-to-a-mining-smelting-complex-exposing-them-to-lead-poisoning-kosovo.

wohl schon 1999 bekannt war, dass das Gelände bleiverseucht war.[84] Als der Komplex zu Zeiten des ehemaligen Jugoslawiens noch aktiv war, betrug die Bleikonzentration in der Luft mehr als das Hundertfache der in der EU zulässigen Werte.[85] Die Roma-Familien atmeten fortan bei jedem Atemzug Blei ein, Kinder spielten auf dem vergifteten Boden und noch Ungeborene nahmen die toxischen Metalle im Mutterleib auf.

Eine ganze Generation wuchs mit Gehirnschäden heran, viele überlebten den vierzehn Jahre andauernden Horror nicht. Doch der Bergbau hat seine Art, sich zu rächen. Denn bis heute verseucht die ehemalige Trepca-Mine Kosovos Seen und Flüsse mit Schwermetallen.[86] Der Balkan ist allgemein nicht der sicherste Ort in Sachen Umweltschutz. In Bosnien und Herzegowina sind ganze 27 Prozent aller Todesfälle auf Luftverschmutzung, Umweltlärm, der zu Herzkrankheiten führt, und auf die Folgen von Extremwetterereignissen zurückzuführen.[87] Wir müssen nicht allzu weit schauen, um die erschreckenden Folgen der Umweltkrise für Menschenleben zu sehen. Ein giftiger Fluch lastet auf der Erde, und seine Bewohnerinnen und Bewohner bekommen ihn bitterlich zu spüren.

Mach es wie die Sonnenblumen

Wenn dich diese Geschichte entsetzt hat, dann lade ich dich ein, einen Moment innezuhalten. Vielleicht hast du schon an verschiedenen Stellen in diesem Buch Wut, Scham, Fassungslosigkeit oder schlicht und einfach Trauer empfunden. Auch mir bricht es häufig das Herz, wenn ich die Fakten und vor allem die einzelnen Geschichten der von der Umweltkrise betroffenen Menschen höre. Und ja, da ist auch die Angst, was aus mir und eines Tages vielleicht aus meinen Kindern wird. Tatsache ist: Auch wenn wir die Auswirkungen die-

[84] Vgl. Human Rights Watch, Kosovo: Poisoned by Lead – A Health and Human Rights Crisis in Mitrovica's Roma Camps, 2009: hrw.org/sites/default/files/reports/kosovo0609webucover_1.pdf.

[85] Vgl. Michael Palairet, Trepca, 1965–2000. In: Lessons Learned and Analysis Unit of the EU Pillar of UNMIK in Kosovo, 2003.

[86] Vgl. Leonora Aliu, Muddy Waters, The Pollution Killing Kosovo's Lakes and Rivers, Balkan Insight, 2020: balkaninsight.com/2020/07/20/muddy-waters-the-pollution-killing-kosovos-lakes-and-rivers/.

[87] Vgl. Catherine Ganzleben/Ian Marnane, Healthy Environment, Healthy Lives: How the Environment Influences Health and Well-Being in Europe, European Environment Agency, Luxembourg 2020.

ser Krise selbst noch nicht spüren, werden wir früher oder später alle noch davon betroffen sein. Wie konnten wir alle (mich eingeschlossen) nur so kurzsichtig sein und so viel Schuld auf uns laden?

Wenn du gerade das Bedürfnis dazu verspürst, eine Pause beim Lesen einzulegen, dann ermutige ich dich, vor dem Weiterlesen einen Spaziergang zu machen oder ein paar Momente in der Natur zu verbringen. Ich habe beim Schreiben dieses Buches die allermeiste Zeit unglaublich viel Freude und Erfüllung verspürt. Aber an manchen Punkten waren da auch einfach nur tiefer Schmerz und Trauer.

Gerade jetzt sitze ich wieder in unserem Studentengarten. Mein Blick wandert über die leuchtend gelben Sonnenblumen. Die blicken immer zur Sonne. Ihr Kopf ist immer der Quelle des Lichts und des Lebens zugewandt. Also tue ich es ihnen nach. Während ich zwischen den Gemüsereihen und Wildblumenstreifen spazieren gehe, öffne ich Gott mein Herz und gebe all der Trauer Raum. Trauern ist wichtig. Wenn wir über Unrecht trauern, stimmen wir in Gottes Klagelied mit ein. Die Sonnenblumen mögen nicht so viel vom Trauern verstehen, aber das Zur-Ruhe-Kommen vor dem Schöpfer, das können wir uns von ihnen abschauen. Denn erst dann können wir aktiv werden, ohne auszubrennen.

Wir sind Teil der Natur

Ich hoffe, du konntest deinen Spaziergang genießen. Dann lass uns jetzt gemeinsam einen Schritt weitergehen und schauen, was Jesus hier und heute zu sagen hat, und ihn fragen, wonach wir unser Leben ausrichten sollen.

Jesus antwortete: „‚Liebe den Herrn, deinen Gott, von ganzem Herzen, mit ganzem Willen und mit deinem ganzen Verstand!' Dies ist das größte und wichtigste Gebot. Aber gleich wichtig ist ein zweites: ‚Liebe deinen Mitmenschen wie dich selbst!' In diesen beiden Geboten ist alles zusammengefasst, was das Gesetz und die Propheten fordern."

Matthäus 22,37-40

Wenn wir über Unrecht trauern, stimmen wir in Gottes Klagelied mit ein.

„Liebe den Herrn, deinen Gott, von ganzem Herzen, mit ganzem Willen und mit deinem ganzen Verstand!" Wie dieses erste Gebot mit unserer Beziehung zur Schöpfung zusammenhängt, haben wir bereits gesehen. Doch wie können wir in Zeiten des Klimawandels und Artensterbens, in der Plastik- und Konsumära Jesu zweites Gebot befolgen?

Der brasilianische Theologe Leonardo Boff bringt es auf den Punkt, wenn er sagt: „Soziale Ungerechtigkeit führt zu ökologischer Ungerechtigkeit, und umgekehrt."[88] Als Menschen sind wir Teil der Schöpfung. Wir haben zwar besondere Gaben und Verantwortung bekommen, aber wir sind, wie andere Säugetiere auch, eingebettet in Gottes Schöpfungsordnung.

Interdependence (wechselseitige Abhängigkeit) ist ein Begriff, den Forschende der Ökologie und Soziologie immer häufiger benutzen. Wenn wir Teil der Schöpfung sind, dann ist unser Wohlergehen direkt mit dem Wohlergehen der nicht menschlichen Schöpfung verknüpft. Logisch, oder? In der Natur ist alles miteinander verbunden: Jede Art hat ihre Funktion, ist abhängig von anderen Arten und über die Nahrungskette mit anderen Arten verbunden. Je mehr verschiedene Arten es gibt, desto widerstandsfähiger und produktiver sind Ökosysteme.[89] Deshalb ist Artenvielfalt auch so wichtig. Lebewesen, Wasser, Gesteine und organisches Material, alles miteinander bildet das faszinierende Netz des Lebens. Wir sind Teil der Natur.

Ganz besonders deutlich ist das für die Menschen, die direkt von den Ressourcen der Natur leben – ob von der Land-

[88] Übersetzt nach: Wangari Maathai, *Replenishing the Earth*, 2010, S. 167.

[89] Vgl. D. U. Hooper et al., *Effects of Biodiversity on Ecosystem Functioning*, 2005, S. 3–35.

90 Vgl. LIDER, 2022: lider-media.hr/biznis-i-politika/udio-prihoda-od-turizma-u-bdp-u-hrvatskoj-wjerijivo-najveci-u-europskoj-uniji-142865.

91 Vgl. Mustafa Canaka, Beneath the Surface: Adriatic Beach Waste Just "Tip of the Iceberg", BalkanInsight, 2021: balkaninsight.com/2021/02/24/beneath-the-surface-adriatic-beach-waste-just-tip-of-the-iceberg/.

92 Vgl. Mascha Kuchejda, Was hat Krebs mit Plastik zu tun?, flustix Rethink Plastics, 2018: flustix.com/blog/was-hat-krebs-mit-plastik-zu-tun/.

93 Vgl. Srishti Choudhary, 'Decline in vulture population has given rise to diseases': Dr. Vibhu Prakash, The IndianExpress, 2016: indianexpress.com/article/lifestyle/health/decline-in-vulture-population-has-given-rise-to-diseases-dr-vibhu-prakash-3001298/: R. Menezes, Rabies in India. In: CMAJ 178 (5), 2008, S. 564–566.

wirtschaft, vom Fischen oder vom Tourismus. Sieben Beispiele aus der ganzen Welt veranschaulichen dies für mich sehr gut. Und ja, auch Deutschland ist mit dabei:

- **Kroatien:** Dieses Land ist bekannt für sein kristallklares, türkisblaues Meer. Hier bin ich aufgewachsen. Doch die Schönheit der adriatischen Küste und der damit einhergehende Tourismus sind ernsthaft durch Plastikmüll gefährdet – und das in einem Land, das fast ein Viertel seiner Einnahmen durch Tourismus bestreitet.[90] Dabei ist die sichtbare Plastikverschmutzung nur die Spitze des Eisbergs. 70 Prozent des Plastikmülls enden auf dem Meeresgrund, wo es sich weiter zersetzt und eine tödliche Gefahr für die schwindenden Meeresbewohner[91] darstellt. Aber auch wir Menschen leiden unter den Folgen des Plastikmülls, denn das Vorhandensein von Nanopartikeln in menschlichen Herzen und Gehirnen wurde mit Hirnkrebs in Verbindung gebracht. Weitere Forschungen an Wildtieren und Labortieren haben zudem Unfruchtbarkeit, Entzündungen und Krebs mit dem Mikroplastik im Körper in Verbindung gebracht.[92]

- **Indien:** 1980 gab es auf dem indischen Subkontinent eine Population von achtzig Millionen Geiern. In den 1990er-Jahren wurde ein Medikament namens Diclofenac eingeführt, um kranke Rinder zu behandeln. Leider war dieses Medikament giftig für die Geier, die sich von ihren Kadavern ernährten, und führte in Indien zu einem Rückgang von 99,7 Prozent der Geierpopulation. Das hat zu einem massiven Anstieg von wilden Ratten und streunenden Hunden geführt. In der Folge stieg die Tollwutrate in ganz Indien enorm an, sodass dort alle 30 Minuten eine Person an Tollwut stirbt.[93]

- **Tansania:** Der schneebedeckte Kilimandscharo liegt an der Grenze zwischen Tansania und Kenia. In den letzten Jahrzehnten schmilzt aufgrund des Klimawandels das Eis auf dem Berg so schnell, dass die Gletscher zwischen 1912 und 2011 um 85 Prozent geschrumpft sind.[94] Die Bäuerinnen und Bauern, die in den Tälern rund um den Kilimandscharo leben, sind auf das Wasser angewiesen, das vom Berg hinabfließt. Doch mit dem Verschwinden der Gletscher ist der früher noch regelmäßige Zufluss des Schmelzwassers nicht mehr selbstverständlich. Ernährungsunsicherheit und zunehmende Armut sind die Folge.[95] Die Menschen in den Entwicklungsländern, die am wenigsten zum Klimawandel beigetragen haben, leiden am meisten unter seinen Folgen.

- **Südamerika:** Auch die noch größeren tropischen Eisfelder der Anden schmelzen und werden innerhalb von Jahrzehnten viele Millionen Menschen ohne Trinkwasser zurücklassen.[96]

- **Indonesien:** Dave Bookless schreibt über die Mangroven in Indonesien: „Überall in den Tropen finden sich Mangroven an der Grenze zwischen Süß- und Salzwasser […]. Ihr tiefes, miteinander verflochtenes Wurzelwerk macht sie zu einem effektiven Stoßdämpfer gegen Stürme. Es besteht ein direkter Zusammenhang zwischen den Gebieten, die am stärksten vom Tsunami im Jahr 2004 betroffen waren, und den Gebieten, in denen Mangroven entfernt wurden."[97]

- **Ozeanien:** Es wird vorausgesagt, dass der Anstieg des Meeresspiegels, hervorgerufen durch den Klimawandel, bald Inseln und ganze Küsten auf der gesamten Welt überschwemmen wird. In Ozeanien und auf den Malediven werden Millionen von Menschen irgendwann nicht mehr in ihren Häusern leben können. Mehrere kleinere

94 Vgl. N.J. Cullen et al., A century of ice retreat on Kilimanjaro: the mapping reloaded. In: The Cryosphere, 7 (2), 2013, S. 419–431.
95 Vgl. F. M. Mulangu/D. Kraybill, Weather Vulnerability, Climate Change, and Food Security in Mt. Kilimanjaro. In: S. Mann (Hrsg.), The Future of Mountain Agriculture, Springer Geography, Springer-Verlag, Berlin/Heidelberg 2013.

96 Vgl. B. Vastag, The melting snows of Kilimanjaro, Nature, 2009: nature.com/articles/news.2009.1055.

97 Dave Bookless, Mangroventheologie: lasse dich nieder und bilde tiefe Wurzeln, A Rocha Blog, 2019: blog.arocha.org/de/mangroventheologie-lasse-dich-nieder-und-bilde-tiefe-wurzeln/.

98 Vgl. J. Campbell et al., Migration and Climate Change in Oceania. In: E. Piguet/F. Laczko (Hrsg.), People on the Move in a Changing Climate. The Regional Impact of Environmental Change on Migration, Global Migration Issues, Band 2, Springer, Dordrecht 2014, S. 177–204.
99 Vgl. M.B. Gerrard/G.E. Wannier, Threatened island nations: legal implications of rising seas and a changing climate, Cambridge University Press, New York 2013.

100 Vgl. Kathrin Reisinger, Eine Dürre, wie es sie noch nie gab, WELT, 2018: welt.de/wissenschaft/article181616914/Duerre-in-Deutschland-Was-der-trockene-Sommer-bewirkt-hat.html.

101 Vgl. plentiful-lands.com/de/warum-ich-die-umwelt-schutze/; FAO, IFAD, UNICEF, WFP and WHO, The State of Food Security and Nutrition in the World 2022, 2022, S. 190.

Inseln im Indischen Ozean sind bereits im Meer versunken. Die Umsiedlung von Dörfern und Städten hat bereits begonnen.[98] Und in Zukunft werden noch viel mehr Klimaflüchtlinge aus ihrer Heimat fliehen müssen, weil sie dort nicht mehr bleiben können. Bis 2050 soll es geschätzte zweihundert Millionen Umweltflüchtlinge geben.[99]

- **Deutschland:** 2018 wurde Europa von einer lang anhaltenden Hitzewelle erfasst. Dies verursachte die schwerste Dürre, mit der Deutschland je konfrontiert war. Sie dauerte noch Monate an, nachdem die Hitzewelle bereits vorbei war. Die Bäuerinnen und Bauern litten, Ernten fielen aus, die Landschaften waren karg und trocken. Die Ertragsverluste beliefen sich auf 50 bis 70 Prozent weniger Ertrag, in einigen Fällen gingen sogar 100 Prozent der Jahresernte verloren. Der wirtschaftliche Schaden dieser Dürre betrug einige Milliarden Euro. Aufgrund des Klimawandels sind immer häufigere Wetterextreme vorhergesagt.[100]

Verstehen wir das? Ist uns bewusst, inwieweit unsere Zerstörung der Erde schließlich auf uns zurückfallen wird?

Darüber hinaus ist dies eine immense Ungerechtigkeit, da diejenigen, die am wenigsten zur Zerstörung der Umwelt und zum Klimawandel beitragen, am anfälligsten für kommende Katastrophen sind. Sie haben nicht die Mittel, sich so gut zu schützen wie wir, die wir Teil des Globalen Nordens sind – wobei auch wir immer öfter Auswirkungen wie Dürre und Überschwemmung zu spüren bekommen werden. Aber die Menschen des Globalen Südens leiden um ein Vielfaches unter Überschwemmungen, Erdbeben, Tsunamis, Dürren, haben eine schlechte Gesundheitsversorgung, kaum Krankenhäuser, geschweige denn eine Krankenversicherung. Etliche von ihnen müssen den Großteil ihres Einkommens für Nahrungsmittel ausgeben.[101]

110

Wie es die kenianische Wissenschaftlerin Stella Simiyu ausdrückt, hängt „die arme Landbevölkerung [...] direkt von den natürlichen Ressourcen ab. Hier ist ihre Apotheke, hier ist ihr Supermarkt, hier ist ihre Tankstelle, ihr Stromversorger, ihr Wasserversorger. Was würde mit dir passieren, wenn diese Dinge aus deiner Nachbarschaft verschwinden würden? Deshalb können wir es uns wirklich nicht leisten, nicht in den Umweltschutz zu investieren."[102]

102 Übersetzt nach: Melissa Ong/ Daniel Tay, Introducing A Rocha, Minute 5:25–43: youtube.com/ watch?v=Ff2MOVruo3I&t=330s.

Gott liebt Gerechtigkeit

Das Jubeljahr im alten Israel: ein Vorbild für uns

Das verwobene Netz des Lebens, diese komplexen Wechselbeziehungen, finden wir schon im Alten Testament. Lass uns gemeinsam ansehen, wie das im alten Israel aussah – oder zumindest gedacht war:

Es herrschte eine festliche Stimmung. Jemand blies in das Horn, und plötzlich hörte man aus allen Ecken ausgelassene Musik. Alle trugen ihre schönste Kleidung und waren in duftendes Parfüm gehüllt. Man tanzte und begrüßte sich fröhlich und umarmte sich überschwänglich. Die Menschen aus der Nachbarschaft saßen gemeinsam um einen Tisch und feierten bei gutem Essen und Wein.

Und was für eine Freude verspürten diejenigen, die Schulden hatten oder sich aus Verzweiflung als Sklavinnen oder Sklaven hatten verkaufen müssen. Ab heute waren sie frei! Ihre Schulden waren ihnen erlassen worden. Was für ein großartiges Gefühl! Und auch die Natur schien an diesem Tag besonders festlich geschmückt zu sein. Es wirkte fast so, als würden die Bäume und Gärten in die Jubellieder miteinstimmen:

Gott, deine Bäche sind immer voll Wasser; du feuch-
test die Furchen und ebnest die Schollen, du tränkst
die Felder mit Regengüssen und segnest, was auf
ihnen sprießt. Mit guten Gaben krönst du das Jahr, in
deinen Spuren lässt du Überfluss zurück. Die Steppe
füllt sich mit üppigem Grün, die Hügel hallen wider
von Freudenrufen. Die Weiden schmücken sich mit
Herden, die Täler hüllen sich in wogendes Korn – alles
ist voll Jubel und Gesang.

Psalm 65,10b-14

Alle fünfzig Jahre sollten die Israeliten das Erlassjahr oder
Jubeljahr feiern. Ähnlich dem Sabbatjahr, das alle sieben
Jahre zu begehen war, gab es im Jubeljahr allen Anlass zur
Freude (vgl. Jesaja 61,1-3).

Es begann mit dem Versöhnungstag, an dem das Volk von
aller Schuld befreit wurde und mit Gott wieder ins Reine
kam. Ausgehend von der wiederhergestellten Beziehung zu
Gott wurden in diesem Jahr auch die restlichen Beziehungen
wieder geheilt: die Beziehungen zwischen den Menschen
und die Beziehung zum Land. Das ganze Jahr hindurch durfte
das Land ausruhen: Felder wurden nicht bestellt, Weinberge nicht gepflegt. Die Menschen lebten von der Hand in den
Mund, und Gott versorgte sie alle reichlich. Es herrschten
wieder Gerechtigkeit und Freiheit!

Die kenianische Biologin und Aktivistin Wangari Maathai
zieht in ihrem Buch „Replenishing the Earth" eine interessan-
te Parallele zwischen dem Jubeljahr im alten Israel und einem
erneuerten Sinn für Gerechtigkeit in unserer heutigen Welt:

Tatsächlich bietet das Motiv des Jubeljahres in der Jüdischen Tradition ein sehr konkretes und praktisches
Beispiel, wie Umweltschutz (in der Form von Brache
für den Boden und Ruhe von der Arbeit für die Tiere)
mit ökonomischem und gesellschaftlichem Handeln
verbunden ist (Umverteilung von Grundbesitz und

Erlassung von Schulden) sowie mit weiter gefassten Initiativen, die Gemeinschaft zusammenzubringen. Es zeigt, warum all unsere individuellen Bemühungen, verantwortlich mit unseren kostbaren natürlichen Ressourcen umzugehen, oder unsere gemeinschaftlichen Versuche, beispielsweise Energie zu sparen und Alternativen zu fossilen Brennstoffen zu finden, nicht von einem genauso resoluten Einsatz für soziale Gerechtigkeit zu trennen sind.[103]

[103] Übersetzt nach: Wangari Maathai, Replenishing the Earth, 2010, S. 168.

Gott steht immer auf der Seite der Unterdrückten

Dass das bei den Israeliten leider eher selten alles so geklappt hat, wird beim Lesen der jüdischen Schriften sehr deutlich. Besonders der Prophet Jesaja hält den Israeliten ihr scheinheiliges und ungerechtes Handeln vor Augen (vgl. Jesaja 58 und 61).

Die Bewohner Israels müssen damals stolz auf sich gewesen sein, wie streng sie sich an das Gesetz gehalten und wie viel sie für den Herrn gefastet haben. Dabei ging es Gott doch vor allem um ihre Herzenshaltung und die daraus fließenden Taten. Gott liebt Gerechtigkeit! Wer Gott liebt, muss auch die Gerechtigkeit lieben und die Mitmenschen fair behandeln.

Jesaja konnte beim Anblick der Ungerechtigkeit nicht schweigen. Prophetinnen und Propheten hatten es nun mal an sich, dass sie unangenehme Dinge ansprachen. Was würde Jesaja wohl zu uns heute sagen? Vielleicht Worte wie diese:

„Ihr meint vielleicht, ich hätte Freude daran, wenn ihr mit ernster Miene für mich fastet, einmal im Jahr in der Fußgängerzone Traktate austeilt, ellenlange Gebete sprecht, jede Woche in der Kirche in der ersten Reihe sitzt, aber gleichzeitig Lebensmittel kauft, durch dessen Anbau meine Schöpfung leidet, Fast Fashion tragt, für dessen Herstellung meine Töchter und Söhne einen Hungerlohn

[104] Papst Franziskus, Laudato si', 2015, Abschnitt 50.

bekommen, und durch euren bequemen und ausschweifenden Lebensstil den Klimawandel antreibt, unter dessen Konsequenzen am meisten die Armen leiden? Meint ihr, ich hätte ihr Klagen nicht gehört? Nein, der Schrei der Armen, das Stöhnen der Schöpfung ist schon längst zu mir gedrungen."

So, wie aktuell die Ressourcen der Erde verteilt werden, hält sich eine Minderheit für berechtigt, „in einem Verhältnis zu konsumieren, das unmöglich verallgemeinert werden könnte, denn der Planet wäre nicht einmal imstande, die Abfälle eines solchen Konsums zu fassen", schreibt Papst Franziskus in seiner Enzyklika Laudato si'.[104] Lies diesen Satz ruhig mehrmals durch und lass ihn auf dich wirken.

> **Wer Gott liebt, muss auch die Gerechtigkeit lieben und die Mitmenschen fair behandeln.**

Wie sieht es bei uns heute aus? Wie sieht es bei mir aus? Auch ich muss einen kritischen Blick auf mein Herz und meinen Lebensstil werfen.

Klar ist: Gott steht eindeutig auf der Seite der Armen und Unterdrückten. Die Bibel spricht da eine unmissverständliche Sprache (vgl. zum Beispiel Jesaja 58,6-11; Micha 6,8; Matthäus 5,6-7; Lukas 4,18).

Liebe deinen Mitmenschen wie dich selbst, fordert Jesus uns auf. Das bedeutet auch, die Umwelt zu schützen und uns für Gerechtigkeit einzusetzen.

Verlasst diese Stadt!

Die Frage ist nur: Haben wir uns als Einzelne und als Kirche vom Strom des Zeitgeistes, des Luxus und des Massenkonsums mitreißen lassen? Hören wir noch den Schrei der Armen und den Schrei der Erde? Haben wir uns am „Handel mit Babylon" beteiligt?

Die Offenbarung beschreibt, wie die Menschen der Erde sich am Wohlstand Babylons, des Sinnbildes für Sünde, Überheblichkeit und Luxus, bereichert haben. Und sie warnt das Volk Gottes eindringlich, diese Stadt zu verlassen und sich nicht an ihren Sünden mitschuldig zu machen (vgl. Offenbarung 18,4). Der Schreiber der Offenbarung zählt all die Waren auf, die in Babylon zu finden waren: Gold und Silber, seltene Hölzer, Tiere und sogar lebende Menschen (vgl. Offenbarung 18,11-13).

Menschenhandel und Sklavenarbeit begegnen uns jeden Tag in Alltagsgegenständen, ob wir uns dessen bewusst sind oder nicht. Es hat noch nie in der Menschheitsgeschichte so viele Sklavinnen und Sklaven gegeben wie heute!

Fünfzig Millionen Menschen leben heute in moderner Sklaverei, so der Bericht der Internationalen Arbeitsorganisation aus dem Jahr 2022.[105] Sie stellen unsere Kleidung her, graben in Minen nach Metallen für unsere Smartphones, suchen nach Diamanten, Silber und Gold für unseren Schmuck und bauen Kakao und Kaffee für uns an. Ich habe an einer „Sklaverei-Fußabdruck-Umfrage" teilgenommen und herausgefunden, dass dreiundzwanzig Sklaven für mich arbeiten! Du kannst unter slaveryfootprint.org ebenfalls an der Umfrage teilnehmen und aufgrund deiner Gewohnheiten und deines Konsums errechnen, wie viele Menschen für deinen Lebensstandard in Sklaverei leben müssen.

Wenn uns solche Zahlen nicht wachrütteln, dann sollten wir uns fragen, ob wir auf den Geist Gottes oder auf den Zeitgeist hören.

[105] Vgl. International Labour Organization, Global Estimates of Modern Slavery: Forced Labour and Forced Marriage, 2022, S. 1.

Es hat noch nie in der Menschheitsgeschichte so viele Sklavinnen und Sklaven gegeben wie heute!

Buße war noch nie populär – und doch so nötig

Mein Geburtstag ist im November, und dadurch fällt er jedes Jahr in die Nähe des Buß- und Bettages. Als ich noch klein war, verstand ich die Bedeutung dieses Feiertages nicht. Was ich mit meinen kümmerlichen Grammatikkenntnissen las, war „Bus- und Bett-Tag". Verwundert fragte ich mich immer, warum ausgerechnet Busse und Betten einen eigenen Tag verdient hatten? Erst später lernte ich die Bedeutung von Buße und nebenbei die eine oder andere Grammatikregel kennen. In Zeiten der Not, wenn die Menschen sich wieder stärker auf ihre eigene Ohnmacht und Sündhaftigkeit besannen, war der natürliche Impuls, Buße zu tun. Gott ihre Sünden zu bekennen – nicht nur als Einzelne, sondern als ganze Gesellschaft. Sich wieder neu auf Gott zu besinnen.

Der Buß- und Bettag ist schon lange kein bundesweiter Feiertag mehr. Verständlich, denn es war noch nie wirklich populär, von Sünde und Buße zu reden. Doch ich glaube, wir täten gut daran, einen neuen Anfang zu wagen. Die Umweltkrise und die Ungerechtigkeit in der Welt haben ein unvorstellbares Ausmaß erreicht. Und wir alle haben unseren Anteil daran.

Erinnerst du dich noch, was die Israeliten zu Beginn des Jubeljahres taten? Sie feierten den Versöhnungstag. Sie bekannten ihre Schuld und schlossen wieder Frieden mit Gott und ihren Mitmenschen. Buße und Versöhnung sind der erste Schritt. Doch darauf müssen immer auch Taten folgen. Was wir tun, spricht so laut, dass man nicht hören kann, was wir sagen.

Der Versöhnungstag veränderte die Herzen der Menschen und sie wandten sich wieder Gott und ihren Mitmenschen zu. Das Jubeljahr brachte die Dinge wieder ins Lot: ökologisch, ökonomisch und sozial.

Interessanterweise begann auch Jesus seinen öffentlichen Dienst mit genau den Stellen aus Jesaja, die wir uns eben schon angesehen haben:

> Er hat mich gesandt, den Armen gute Nachricht zu bringen, den Gefangenen zu verkünden, dass sie frei sein sollen, und den Blinden, dass sie sehen werden. Den Misshandelten soll ich die Freiheit bringen, und das Jahr ausrufen, in dem der Herr sich seinem Volk gnädig zuwendet.
>
> *Lukas 4,18b-19*

Jesus kam, um das endgültige Jubeljahr einzuleiten. An Ostern, dem vollendeten Versöhnungstag, machte er den entscheidenden Anfang. Er kam für die Erlösung unserer Schuld. Aber noch mehr als das kam er, um sein Königreich der Gerechtigkeit und des Friedens für seine *gesamte* Schöpfung unter uns aufkeimen zu lassen. Die Samen dazu hat er uns schon in die Hände gegeben.

Meinst du nicht auch, dass es höchste Zeit für ein neues Jubeljahr ist? Dass es Zeit für echte Hoffnung ist – für Mensch und Natur, in Wort und Tat? Wie hätte ein Jubeljahr wohl für die Roma-Familien aus der Geschichte zu Beginn dieses Kapitels ausgesehen? Wie würde es für die fünfzig Millionen Sklavinnen und Sklaven heutzutage aussehen? Wie könnte es für unsere Gesellschaft heute aussehen? Lass uns mit Jesus zusammen dieses Jubeljahr gestalten, die Hände voller Hoffnungssamen.

Im letzten Teil dieses Buches machen wir uns nun auf, um Gottes Welt grüner, bunter und schöner zu machen.

Machst du mit?

Was wir tun, spricht so laut, dass man nicht hören kann, was wir sagen.

Teil 3:
Leben in Fülle

Gottes Gärtnerinnen und Gärtner

Ronia und ich stehen an der Gemüse-Waschstation auf einem Gutshof in Österreich. Neben uns stapeln sich Kisten voller frisch geernteter Bio-Karotten. Der aromatische Duft dieser farbenfrohen und zum Teil witzig geformten Wurzeln steigt mir in die Nase. „Riechen die gut", denke ich und kann mich einfach nicht zurückhalten, gleich in eine knackige Karotte zu beißen. Ronia, eine hübsche junge Frau mit einem strahlenden Lächeln, lebt gemeinsam mit dreißig Menschen aller Altersstufen in der christlichen Bruderhof-Gemeinschaft auf einem landwirtschaftlichen Gutshof bei Retz. Während wir gemeinsam den Haufen Karotten für die anstehenden Markttage in Retz und Wien waschen, ist reichlich Zeit zum Erzählen da. Fasziniert höre ich zu, während Ronia mir vom Bruderhof Danthonia in Australien erzählt, dem Ort, an dem sie aufgewachsen ist.

Als die Bruderhof-Gemeinschaft sich 1999 dort niederließ, sah die Landschaft braun und karg aus. Durch die Jahrzehnte der konventionellen Bewirtschaftung war der Boden stark degradiert. Der fruchtbare Oberboden war durch Erosion abgetragen und nur einige wenige Bäume ragten von den trockenen Weideflächen auf. Entschlossen, ihre Familien von diesem Land zu ernähren, befolgten sie den Rat ihrer Nachbarinnen und Nachbarn und führten zunächst die klassische Wirtschaftsweise – inklusive schwerer Landmaschinen, synthetischer Düngemittel und Pestizide – fort. Doch schon nach wenigen Jahren merkten sie, dass sich die Farm so nicht rechnete. Der Zustand des Bodens wurde immer schlimmer, genau wie auf den umliegenden Flächen. Viele Landwirtinnen und Landwirte der Region waren verzweifelt. So sehr, dass manche sogar Selbstmord begingen.

2006 begannen sie auf Danthonia unter der Leitung von Johannes Meier die Farm schrittweise auf eine regenerative, aufbauende Bewirtschaftung umzustellen. Regenerativ bedeutet, Boden, Wasser und Artenvielfalt zu erneuern, indem man die Prinzipien der Natur nachahmt. Johannes Meier, der Betriebsleiter, ließ die Rinder nach einem ausgeklügelten Rotationsystem auf die Weiden, wie es die Herden in der Wildnis auch getan hätten. Jahr für Jahr reicherten die Mitglieder der Bruderhof-Gemeinschaft ihren Boden mit Kompost an, in dem sich nützliche Boden-Mikroorganismen tummeln. Und sie förderten die Pflanzenvielfalt auf ihrem Land, indem sie einheimische Samen säten und Bäume pflanzten. Viele Bäume.

Innerhalb von vier Jahren seit der Umstellung stieg die Bodenfruchtbarkeit so stark an, dass sie von den regenerativ bewirtschafteten Flächen doppelt so viel ernten konnten wie von den konventionellen Flächen – und das trotz häufiger Dürreperioden! Durch aufmerksame Beobachtung der natürlichen australischen Ökosysteme lernten sie zudem, wie sie das Wasser so in der Landschaft halten konnten, dass auch in trockenen Jahren kein Bach austrocknete. Der Unterschied zu den angrenzenden Flächen war sichtbar: Auf ihrer Seite des Zauns war es buchstäblich grüner.

Es mag nach Klischee klingen, aber es ist wahr: Die Jahre der sorgfältigen Bewirtschaftung verwandelten die Wüste in ein fruchtbares, grünes und reiches Land. Hunderttausend Bäume haben die Mitglieder der Gemeinschaft in den letzten siebzehn Jahren gepflanzt. „Es geht in dieser Geschichte nicht um uns, sondern um das große Ganze. Es geht darum, wie durch die Arbeit mit der Natur eine verwundete Landschaft und eine verwundete Welt geheilt werden können", erklärt Johannes Meier.[106]

Wenn man heute den Danthonia-Hof besucht, ist er kaum wiederzuerkennen, denn er wird von Jahr zu Jahr grüner. Verträumt sehe ich vor meinem inneren Auge diese weite, einladende Landschaft.

[106] Übersetzt nach: Clare Stober, Another Life is Possible. Insights from 100 years of life together, Plough Publishing House, New York 2020, S. 78.

„Manchmal haben wir mit unserer Schulklasse Bäume gepflanzt. Es war so ein tolles Gefühl, zu sehen, wie die Bäume wuchsen", reißt Ronia mich aus meinen Träumen, und ich sehe den Stolz in ihren Augen.

Während sie erzählt, verstauen wir gemeinsam die gewaschenen Karotten in sauberen Kisten. Dabei muss ich an Gottes Anweisung an den Menschen in 1. Mose 2,15 denken: „Gott, der Herr, brachte also den Menschen in den Garten Eden. Er übertrug ihm die Aufgabe, den Garten zu pflegen und zu schützen."

Das hatte die Bruderhof-Gemeinschaft in Danthonia wahrlich getan – den Garten der Welt Gottes bebaut und bewahrt, wie es in anderen Übersetzungen heißt. Die Wortwahl macht deutlich: Wir sollen Gottes Schöpfung nicht nur gesund und fruchtbar erhalten, wir dürfen sie auch kultivieren, um von ihren Früchten zu leben – aber stets im Einklang mit Gottes guten Prinzipien, mit tiefem Respekt für den Schöpfer und all unsere Mitgeschöpfe. Bebauen und bewahren, nicht das eine ohne das andere.

Verändere die Welt auf deinem Teller

[107] Vgl. Statistisches Bundesamt: de.statista.com/statistik/daten/studie/275637/umfrage/anteil-der-wirtschaftsbereiche-an-der-gesamtbeschaeftigung-in-deutschland/.

Vielleicht fragst du dich jetzt, was diese Geschichte mit dir zu tun hat. Schließlich sind nur die wenigsten von uns in der Landwirtschaft tätig. In Deutschland sind dies genau genommen nur 1,2 Prozent der Bevölkerung.[107] Aber essen, das muss jeder. Du und ich beeinflussen durch unsere Konsumentscheidungen Boden, Pflanzen, Tiere, Menschen, Wasser und Luft rund um den Globus. Wie Johannes Meier schreibt:

[Wir] brauchen die Demut, unsere eigene Verantwortung für das Chaos zu erkennen, das wir auf diesem Planeten angerichtet haben. Gier und Nachfrage treiben die Märkte an – die industrielle Landwirtschaft hat in dieser Hinsicht eine Menge zu verantworten. Aber als Verbraucher ist jeder von uns mitschuldig an den globalen ökologischen Katastrophen von heute. Die Frage ist also: Kümmert es mich genug, dass ich meine Lebensweise ändere?[108]

[108] Übersetzt nach: Clare Stober, Another Life is Possible, 2020, S. 78.

Ich glaube, dich und mich kümmert es genug. Vielleicht fragst du jetzt aber genau wie ich: Wie können wir als Einzelne und als Gesellschaft eine Landwirtschaft nach dem Herzen Gottes gestalten? Wie stellt Gott sich unsere Beziehung zum Land vor?

Dafür müssen wir uns eigentlich nur erinnern. Denn von dem Moment an, in dem Gott den Menschen aus der Erde formte, legte er eine innige, unzertrennliche Verbundenheit zum Land in ihn. Ich bin fest davon überzeugt, dass Gott uns geschaffen hat, um in enger Verbindung mit seiner Schöpfung zu leben. Fehlt uns dieser tägliche Kontakt zur Natur, hat das nicht nur negative Konsequenzen für unseren Umgang mit der Umwelt. Ohne diese Verbindung fehlt auch unserer Seele und unserem Körper etwas Lebenswichtiges. Und ja, ich glaube auch, dass unsere Beziehung zu Gott unter dieser Entfremdung von seiner Schöpfung leidet.

Wir sind geschaffen, um in Harmonie mit der Erde zu leben. Das ist tief in uns verankert. Allerdings haben wir das durch den Sündenfall vergessen: Wir haben uns sowohl von Gott als auch von seiner Schöpfung entfernt. Doch Gott ruft unsere Erinnerung wach. Das, was wir eigentlich schon immer wussten, floss Zeile um Zeile in sein Wort. Auch wir sind, genau wie damals die Israeliten, gefordert, neu die Sprache der Schöpfung zu erlernen und in Harmonie mir ihr zu leben. Das können wir lernen, indem wir in enger Verbindung mit dem Schöpfer leben: Wer auf Gott schaut und sich mit der Natur vertraut macht, lernt, im Gleichgewicht mit ihr zu leben. Oder wir werfen einen Blick in die Bibel und erinnern uns wieder neu an Gottes Prinzipien für unseren Umgang mit dem Land.

Wir sind
geschaffen,
um in Harmonie
mit der Erde
zu leben.

Diese enge Vertrautheit mit Gott und seiner Schöpfung kann dich niemand lehren. Das kannst du nur lernen, indem du Zeit in Gottes Gegenwart und in seiner wunderschönen Welt verbringst. Sicherlich wirst du bald merken, dass Gottes Nähe in der Natur sogar besonders spürbar ist. Du kannst die Sprache der Schöpfung lernen, indem du Vögel und Ameisen betrachtest, Kräuter und Früchte sammelst, Wald- und Seeluft einatmest, den Freudengesang und das Trauern seiner Geschöpfe hörst. Oder indem du – wie ich – einen Hund in dein Leben lässt.

Sicher, es muss nicht unbedingt ein Haustier sein, aber ich ermutige dich, dich ganz bewusst auf dieses Experiment einzulassen und die Sprache der Schöpfung buchstabieren zu lernen. Wir brauchen Kinder Gottes, die diese Sprache verstehen, und das lernt man nicht allein aus einem Buch. Doch was ich an dich weitergeben kann, sind drei Prinzipien, die ich im Wort Gottes gefunden habe. Prinzipien für eine erneuerte Beziehung zu seiner Schöpfung.

1. Halte inne

Wie wahr Gottes Prinzipien auch heute noch sind, habe ich während eines Praktikums auf einer Apfelplantage 2019 erfahren.

Es war ein regnerischer Tag im September. Nicht gerade das beste Wetter, um mein Praktikum auf einer Apfelplantage zu beginnen. Aber hier waren wir nun und fuhren durch die Landschaft Mecklenburg-Vorpommerns. Wir, das waren meine neue Chefin und ich. Sie zeigte mir die Apfelanlagen und erzählte mir ein wenig über die Geschichte dieses großen Anwesens.

Sie berichtete von den Apfelernten der Vorjahre: Im letzten Jahr war die Ernte so groß gewesen, dass sie zusätzliche Arbeiterinnen und Arbeiter einstellen musste, um all die Äpfel zu ernten. 3800 Tonnen war der stolze Ertrag im Jahr 2018.

2017 hatte jedoch der Frost die Plantagen während der Blütezeit heimgesucht. Ein Großteil der Ernte in diesem Jahr ging verloren. Um genau zu sein, belief sich die Ernte auf mickrige 550 Tonnen Äpfel. Das ist fast siebenmal weniger!

Während ich in den folgenden Tagen durch die Apfelreihen ging, erinnerte ich mich an die Worte meiner Chefin. An den Bäumen hingen kaum Äpfel, einige Reihen waren fast vollständig leer. Nach einem Jahr reichlicher Ernte schien dieses Jahr wieder ein sehr mageres zu sein. Das war zum Teil auf den Frost zurückzuführen, der die Apfelblüten im Frühjahr stark geschädigt hatte. Aber was wir jetzt schon über die folgende Ernte sagen konnten, war, dass es wahrscheinlich wieder eine sehr reichliche sein würde. Auf ein mageres Jahr folgt in der Regel immer ein Jahr der Fülle. Die Erklärung, die meine Chefin dafür hatte, fand ich faszinierend: Wenn ein Apfelbaum von Frost heimgesucht wird und wenig Ertrag abgibt, verschafft ihm das ein wenig Ruhe. Im nächsten Jahr kann er dann einen überdurchschnittlichen Ertrag erbringen. Auf eine Ruhephase folgt eine Periode der Fruchtbarkeit.[109]

Dieses einfache Prinzip erweist sich in der Natur auch im weiteren Sinne als wahr. Ruhe ist notwendig. Die sterbenden Blätter im Herbst, der einläutende Frieden des Winters, die Zeiten der Ruhe: All dies ist notwendig, um schließlich wieder zum Leben zu erwachen.

In der Landwirtschaft spiegelt sich dies in der Brache wider. Wenn ein Feld brachliegt, baut die Landwirtin oder der Landwirt ein ganzes Jahr lang keine Kultur an und pflügt nicht. Die Erntereste der vorherigen Kulturpflanze haben dann Zeit, sich vollständig zu zersetzen. Regenwürmer und andere Mikroorganismen bearbeiten den Boden, um reichen, fruchtbaren Humus zu produzieren. Eine Vielzahl an Tier- und Pflanzenarten findet auf der Brachfläche Heimat. Viele wichtige Prozesse finden im Boden in diesem Jahr statt, die schließlich seine Fruchtbarkeit erhöhen. Der Boden muss ruhen, um wieder reichlich Ertrag bringen zu können!

Leider ist dieses Prinzip im Zuge der Industrialisierung

[109] Dieses Phänomen nennt sich Alternanz und ist im Obstbau nicht sehr gern gesehen. Es gibt Sorten, die mehr zu Alternanz neigen, und solche, die weniger im Ertrag schwanken. Das Beschneiden von Obstbäumen ist ein Versuch, die Alternanz zu mindern.

der Landwirtschaft in Vergessenheit geraten. Die Brache wurde als unproduktiv abgetan. Erst in den letzten Jahren hat sie wieder ein Comeback erlebt und wir haben verstanden, was wir mit dem Abtun der Brache verloren haben: nämlich ein Stück biologischer Vielfalt und Bodenfruchtbarkeit. Forschende haben beispielsweise festgestellt, dass der Verlust von Brachflächen eng mit dem Rückgang von Vogelpopulationen zusammenhängt![110]

In den letzten Jahren hat die Europäische Union sogar damit begonnen, Landwirtinnen und Landwirten, die einen Teil ihrer Flächen brachliegen lassen, eine Prämie zu zahlen.[111] Doch damit haben wir eigentlich nur eine alte Weisheit aus der Bibel wiederentdeckt. In dem israelischen Gesetz, der Thora, nennt sich das Prinzip der Ruhe und Brache Sabbat.

Alles fing damit an, dass Gott selbst sich nach der Erschaffung der Welt einen Tag zum Ausruhen gönnte. Darüber hinaus wies er das Volk der Israeliten an, das Land alle sieben Jahre völlig ruhen zu lassen:

> Wenn ihr in das Land kommt, das ich euch geben werde, müsst ihr dafür sorgen, dass das Land mir jedes siebte Jahr einen Sabbat feiert. Sechs Jahre sollt ihr eure Felder bestellen, eure Weinstöcke beschneiden und den Ertrag einsammeln. Aber jedes siebte Jahr muss das Land ruhen; es feiert einen Sabbat zu Ehren des Herrn. Ihr dürft in diesem Jahr kein Feld bestellen und keinen Weinberg pflegen.

3. Mose 25,1b–4

Und mit dieser Anweisung kam die Verheißung, dass das Land auch im Sabbatjahr genug produzieren würde, damit sie immer Essen in Fülle hätten: „Ich, der Herr, werde das Land im sechsten Jahr so reich segnen, dass der Ertrag für zwei Jahre ausreicht" (3. Mose 25,21).

Oh, wären wir nur diesen guten und göttlichen Anwei-

110 Vgl. Juan Traba/Manuel B. Morales, The decline of farmland birds in Spain is strongly associated to the loss of fallowland. In: Scientific reports 9 (1), 2019, S. 9473.

111 Vgl. Was ist Greening und welche Prämien erwarten die Bauern, LAND-DATA, 16.2.2022: landdata.de/magazin/was-ist-greening-und-welche-prämien-erwarten-bauern.

Wer arbeitet, braucht regelmäßig eine Auszeit.

sungen gefolgt! Viele unserer ökologischen, wirtschaftlichen und sozialen Probleme gäbe es heute nicht.

Sabbat bedeutet nicht nur Ruhe für das Land – auch wir Menschen und sogar Tiere sind angewiesen, einen Wochentag zum Ausruhen zu nehmen. Wer arbeitet, braucht regelmäßig eine Auszeit.

Innehalten, nicht immer produktiv sein, dem Hamsterrad der endlosen To-do-Listen und Sorgen entkommen, all das kann auch unsere Beziehung zur Schöpfung erneuern. Stell dir vor, wir würden alle einen Tag in der Woche stehen bleiben und nicht noch mal schnell in den Supermarkt fahren, noch diese Besorgung erledigen, noch jene liegen gebliebene Arbeit beenden. Stell dir vor, wir würden uns stattdessen Zeit für Beziehungen und Zeit in der Natur nehmen. Stell dir vor, wir würden alle für einen Moment stehen bleiben, die vergangene Woche reflektieren und uns wieder neu auf unseren Schöpfer ausrichten. Hätten wir dann nicht auch Zeit, darüber nachzudenken, wo unsere Lebensmittel herkommen, wie sie angebaut werden, wie wir mit dem Land umgehen und wie unsere Nutztiere gehalten werden? Was für ein Fest wäre das, wenn wir mindestens einmal in der Woche ausgiebig Zeit hätten, gemeinsam zu essen und mit unseren Lebens- und Einkaufsgewohnheiten Gott zu ehren!

2. Denke weit

Das zweite Prinzip habe ich in diesem auf den ersten Blick seltsam klingenden Vers gefunden. In 5. Mose 22,6-7 heißt es:

> Wenn du unterwegs auf einem Baum oder auf der Erde ein Vogelnest findest, in dem eine Vogelmutter über ihren Eiern oder Jungen sitzt, dann darfst du die Mutter nicht von den Jungen wegfangen. Die Jungen

kannst du fangen, aber lass die Mutter fliegen. Dann
wird es dir gut gehen und du wirst lange leben.

Warum soll man der Mutter das Leben retten? Nun, wenn es
kein Muttertier gibt, kann es auch keine Nachkommen mehr
geben. Und langfristig würde das zu einem Populationsrück-
gang führen.

Dieser Vers definierte, schon Tausende von Jahren bevor
die Vereinten Nationen ihre Ziele für nachhaltige Entwicklung aufstellten, was Nachhaltigkeit bedeutet: niemals mehr
aus der Schöpfung entnehmen, als sich in einem angemessenen Zeitraum wieder erneuern kann. Ob es sich um die
Forstwirtschaft, die Artenvielfalt, die Gesellschaft, den Boden oder die Wirtschaft handelt: Wir dürfen die Ressourcen
der Schöpfung zwar nutzen, aber langfristig kann es uns nur
gut gehen, wenn wir unsere gottgegebenen Grenzen respek-
tieren. Insbesondere beim Boden ist weites Denken gefragt –
es braucht immerhin Tausende von Jahren, bis ein gesunder
Boden entsteht! Und ohne Boden kein Essen.

„Dann wird es dir gut gehen und du wirst lange leben" ist
der erstaunlich treffende Schlusssatz. Denn der Schöpfer
weiß: Nur wenn die Menschen sich verantwortungsvoll dem
Land gegenüber verhalten, kann es dauerhaft gesund bleiben
und ihm Segen spenden.

Lass uns kreative Wege für einen nachhaltigen, ja sogar
erneuernden Umgang mit den kostbaren Ressourcen unserer Erde finden. Denn auch wir Menschen sind Teil dieses
untrennbaren Netzes des Lebens.

3. Lass übrig

Drina, meine Nachbarin, stand eines Abends auf meiner Ve-
randa. Sie sah den gemütlichen Kerzenschein, und ich lud sie
ein, eine Weile mit mir zu plaudern. Morgens war ich meis-
tens diejenige, die sie zum Kaffeetrinken besuchte. Während

eines landwirtschaftlichen Praktikums lebte ich in einem Sechzig-Seelen-Dorf Südkroatiens in Drinas Nachbarhaus. Drina war schon in Rente, aber ihr aktiver Lebensstil und das Gärtnern hielten sie fit. Vielleicht waren es auch die Heilkräuter, mit denen sie aufgewachsen war, die ihr noch im Alter Kraft verliehen. In den Wochen, in denen wir Nachbarinnen waren, beobachtete ich, wie sie mit viel Geduld ihre geliebten Wildkräuter sammelte, in Tütchen abpackte und auf dem Wochenmarkt verkaufte. An anderen Tagen traf ich sie am Morgen beim Mandelnknacken an. Mandeln, die sie von verlassenen alten Bäumen in der Umgebung geerntet hatte. Im Oktober pflückte sie dann verwilderte Oliven, gab sie in die Presse und verkaufte wiederum das Öl auf dem Markt. So vergingen ihre Tage in ihrem Heimatdorf, und so besserte sie sich ihre magere Rente etwas auf.

Wir können die Welt auf unserem Teller verändern.

Drina nutzte das Prinzip, das wir auch in 3. Mose 19,9-10 finden können:

> Wenn ihr erntet, sollt ihr euer Feld nicht bis an den Rand abernten und keine Nachlese halten. Auch eure Weinberge sollt ihr nicht ganz ablesen und die heruntergefallenen Trauben nicht aufheben. Lasst etwas übrig für die Armen und für die Fremden bei euch. Ich bin der Herr, euer Gott!

Vielleicht wirst du jetzt sagen: „Aber ich habe doch gar kein Feld, und für die Armen gibt es heutzutage staatliche Hilfen!"

Ich glaube jedoch, dass dieser Vers in vielschichtiger Weise in unsere Zeit spricht. Denn noch nie in der Geschichte der Menschheit hatten wir die Möglichkeit, so intensiv mit Maschinen, Düngemitteln und Pestiziden das Land zu bearbeiten. Wir sind so nah an die Ränder gekommen, dass wir drohen, von der Klippe zu fallen. Die industrielle Landwirtschaft lässt keinen Raum mehr für Artenvielfalt. Das Gleiche gilt auch für andere ausbeuterische Praktiken in den verschiedensten Bereichen. Monokultur statt Vielfalt, Chemie statt ganzheitlichen Denkens. So sind es heute vielleicht mehr die Insekten, Vögel und sonstigen Tiere, für die wir „die Nachlese" übrig lassen sollten. Die Nachlese könnte heute ein chemiefreier Acker sein, auf dem ein nachhaltiges Maß an Artenvielfalt vorherrscht. Die Nachlese könnte aber auch ein gesundes soziales Netz, Nachbarschaftshilfe, Großzügigkeit, ein würdevoller Umgang mit Armut oder eine ehrenamtliche Tätigkeit in einer Suppenküche sein. Denn auch heute noch gibt es viel zu viele Menschen, die gut von der Nachlese unseres Überflusses leben könnten.

Egal, ob wir in der Landwirtschaft tätig sind oder nicht: Wir alle haben durch unsere Konsumentscheidungen Einfluss auf die Art, wie wir das Land bebauen. Wir können die Welt auf unserem Teller verändern.

Lass uns die Art von Landbau unterstützen, die den Schöpfer und all seine Geschöpfe ehrt. Und lass uns die Menschen im Blick behalten, die eine Nachlese an Liebe, Lebensmitteln oder auch Finanzen gebrauchen können.

Warum? Nicht aus Panik oder Zwang, sondern aus Liebe zu Gott. Auch hier endet der Vers wieder auf passende Weise: „Ich bin der Herr, euer Gott!" Das ist Grund genug, um respektvoll mit der Schöpfung umzugehen.

Neues Leben fürs Land

Gottes Schöpfung hat gute Gärtnerinnen und Gärtner wie dich und mich dringend nötig. Der Boden lechzt, die Wälder schrumpfen, die Weiden und Wiesen werden von Asphalt gefressen, Tier- und Pflanzenarten verschwinden in bedrohlicher Geschwindigkeit. Schon Papst Franziskus warnte in seiner 2015 veröffentlichten Enzyklika Laudato si':

112 Papst Franziskus, Laudato si', 2015, Abschnitt 33.

Jedes Jahr verschwinden Tausende Pflanzen- und Tierarten, die wir nicht mehr kennen können, die unsere Kinder nicht mehr sehen können, verloren für immer. Die weitaus größte Mehrheit stirbt aus Gründen aus, die mit irgendeinem menschlichen Tun zusammenhängen. Unseretwegen können bereits Tausende Arten nicht mehr mit ihrer Existenz Gott verherrlichen, noch uns ihre Botschaft vermitteln. Dazu haben wir kein Recht.[112]

In den vergangenen Jahren, in denen ich mehr und mehr über die Gefahren für Gottes herrlichen Garten gelernt habe, ist mir eine Sache bewusst geworden: Wir Menschen haben die Schöpfung gravierend zerstört. Aber unser Auftrag heute, insbesondere als Jesu Nachfolgerinnen und Nachfolger, ist nicht nur, den Schaden zu begrenzen oder zu minimieren. Wir sind berufen, aus dem Fluch der Sünde in ein Leben des Segens aufzubrechen.

Ich bin seit einigen Jahren bei den christlichen Pfadfindern Royal Rangers aktiv. Dort haben wir einen Grundsatz: Hinterlasse einen Ort ordentlicher und sauberer, als du ihn vorgefunden hast. Das bedeutet zum Beispiel, dass wir auch den Müll auflesen, den andere vor uns hinterlassen haben. Wir alle sind eingeladen, Gottes Schöpfung besser zu hinterlassen, als wir sie vorgefunden haben. Schöpfer und Schöpfung, gemeinsam in enger Zusammenarbeit.

Ja, wir Menschen hinterlassen immer wieder Spuren der Zerstörung. Aber ich glaube dennoch, dass Gott in uns Menschen das Potenzial gelegt hat, die Schöpfung zum Blühen zu bringen und mit ihr im Einklang zu leben.

> Wir alle sind eingeladen, Gottes Schöpfung besser zu hinterlassen, als wir sie vorgefunden haben.

Vom Schädling
zum Segen

Lass mich das am Beispiel der Artenvielfalt erklären. Man nimmt oft an, der Natur würde es am besten gehen, wenn wir Menschen sie einfach in Ruhe lassen oder gar aussterben würden. Ist nicht der Mensch der Hauptschuldige für den rapiden Schwund der Artenvielfalt in den letzten Jahrzehnten? Ja, eindeutig. Doch erstaunlicherweise war es auch der Mensch, der durch respektvolle und extensive Bewirtschaftung die Artenvielfalt (zumindest in Europa) auf ihren Höhepunkt gebracht hat!

In seinem Buch „Das große Insektensterben" fragt der promovierte Biologe Andreas H. Segerer: „Woher kommt eigentlich die Biodiversität in unserem Land, deren Rückgang wir so sehr beklagen? Die Antwort darauf mag überraschen: sie ist vielfach das Produkt menschlichen Wirkens."[113]

Durch verschiedenste Aktivitäten verwandelten die Menschen den einstigen Urwald Europas nach Ende der letzten Eiszeit in ein Mosaik aus vielfältigen Landschaften und Lebensräumen. Auf von „Unkräutern" bespickten Äckern, bunten Weiden, offenen Hutewäldern, artenreichen Streuobstwiesen und Heiden, extensiv genutzten Mooren und Weinbergen breiteten sich nach und nach die unterschiedlichsten Tier-, Pilz-, Mikroorganismen- und Pflanzenarten aus, und jede dieser Arten war perfekt an die jeweiligen Standorte angepasst. „Die Biodiversität wuchs mit der Zahl unterschiedlicher Nischen und erreichte ihr Maximum im 18. und 19. Jahrhundert", stellt Andreas H. Segerer in seinem Buch fest. Was den darauf folgenden Absturz der Artenvielfalt und ganz allgemein die Umweltkrise bewirkt hat, bringt er noch mal treffend auf den Punkt: „Gemäß des biblischen Auftrags haben wir uns die Erde untertan gemacht – ohne die mitgelieferte Gebrauchsanleitung zu beachten."[114]

[113] Andreas H. Segerer/Eva Rosenkranz, Das große Insektensterben, Oekom-Verlag, München 2018, S. 87.

[114] Ebd., S. 94.

Glaubst du nicht auch, dass wir es anders machen können? Dass wir gemeinsam mit unserem Schöpfer diese Welt wieder zum Blühen bringen und unsere zerbrochene Beziehung zum Land wieder heilen können? Vielleicht bin ich verrückt, aber ich glaube wirklich, dass wir ein Teil dieser Erneuerung sein können. Indem wir nicht nur bewahren, sondern das Land sogar besser zurücklassen, als wir es vorgefunden haben – durch unsere Art, zu leben, zu essen und Landwirtschaft zu betreiben, So, wie es viele Generationen vor uns getan haben. So, wie die Gemeinschaft von Danthonia. So, wie Tausende anderer, die aus Liebe zum Schöpfer und seiner Schöpfung einen Unterschied gemacht haben und immer noch machen.

Doch eines steht fest. Allein können wir nur wenig bewirken. Gemeinsam erreichen wir noch viel mehr als bloß die Summe unserer Anstrengungen. Wie ein Weizenkorn, das tausendfach Frucht trägt, multipliziert sich die Hoffnung für unseren Planeten, wenn wir uns zusammentun.

Genau darum soll es im nächsten Kapitel gehen: Wie können wir als Gemeinschaften einen Unterschied machen? Bist du dabei?

Gemeinsam an Gottes Tisch

Es ist ein nasskalter Septembermorgen. Im morgendlichen Nieselregen ziehen die Siedlungen und Straßen Stuttgarts an mir vorbei, hin und wieder auch ein paar Felder und Streuobstwiesen. Nach mehrmaligem Umsteigen erreiche ich endlich den südlichen Stadtrand Stuttgarts. In der Ferne erkenne ich Flugzeugumrisse, ein Flieger ist gerade gestartet und verschwindet in den Wolken. Doch mein Ziel ist kein ferner Landstrich, sondern liegt gut versteckt zwischen Büschen und Bäumen: der Verein Biotop der Hoffnung in Filderstadt. Diese Region ist besonders dicht besiedelt und das spürt man deutlich. Doch während ich den lärmenden Verkehr hinter mir lasse und durch die Einfahrt zum Verein gehe, tut sich mir eine ganz andere Welt auf. Umrahmt von mächtigen, alten Bäumen zieht mich die friedliche Atmosphäre dieses Ortes gleich in ihren Bann.

Hier bin ich mit Kira und Max zum Frühstück verabredet. Als ich bei der obersten der drei Wohnungen im Haus ankomme, werde ich schon lächelnd von dem jungen Ehepaar empfangen. Draußen hat wieder der Nieselregen eingesetzt, umso gemütlicher ist das Feuer, das im Kamin der hellen Wohnung lustig knistert. Ich fühle mich sofort wohl. Schon bald sind wir am Frühstückstisch angeregt in ein Gespräch vertieft. Kira und Max haben 2019 gemeinsam mit einem Gründungsteam den Verein Biotop der Hoffnung ins Leben gerufen, und ich bin schon ganz gespannt, ihre Geschichte zu hören.

Christlich, ökologisch, sozial – diese drei Werte gehören für das Gründungsteam ganz selbstverständlich zusammen. „Wir möchten einen Ort gestalten, an dem Gottes Liebe zur Natur und zu den Menschen sichtbar und erlebbar wird", steht auf ihrer Homepage.[115] Konkret bedeutet das: Im Haus,

115 biotopderhoffnung.com

an das sich die rund 8000 Quadratmeter Garten anschließen, wohnen neben Kira und Max immer wieder auch noch andere Menschen, die sie unterstützen. Die drei getrennten Wohnungen und der einladende gemeinsame naturbelassene Garten bieten sicheren Rückzug und Gemeinschaft in einem. Kira und Max möchten ihren Mitbewohnerinnen und -bewohnern „Hilfe zur Selbsthilfe" geben. Sie begleiten sie bei Behördengängen und Bewerbungen, kümmern sich gemeinsam mit ihnen um Haus, Tiere und Garten, lassen den Abend aber auch gerne mal beim gemütlichen Grillen ausklingen.

Woher kam die Idee, das Biotop der Hoffnung zu gründen? Ich frage Kira und Max nach den Anfängen ihrer doch etwas unkonventionellen Geschichte. „Wir wollten ein Leben leben, das sich nicht nur um uns dreht", erzählt Kira mit ihrer ruhigen, freundlichen Stimme. Ein sinnhaftes Leben, in Gemeinschaft mit anderen Menschen. „Dabei träumten wir von einem Ort, an dem Max seiner Leidenschaft zu Gärten und zur Natur nachkommen kann, den er gestalten darf. Und mit einem Haus, dessen Türen für Menschen [in schwierigen Lebenssituationen] offen stehen."

Sehnen wir uns nicht alle nach einem Leben in gegenseitiger Verbundenheit? Gemeinschaft klingt gemütlich, aber jeder, der ein offenes und ehrliches Zusammensein mit anderen Menschen erlebt hat, weiß, wie herausfordernd es sein kann. Vielleicht fragst du dich jetzt, warum ein Kapitel zu diesem Thema in einem Buch über Schöpfungsbewahrung enthalten ist. Nun, wenn wir aus dem Fluch der Sünde ausbrechen wollen, der über der gesamten Schöpfung lastet, wenn wir im Einklang mit Gottes gesamter Schöpfung leben wollen, dann gehören starke und heile Gemeinschaften mit dazu. Das ist unserer modernen westlichen, individualistischen Kultur vollkommen entgegengesetzt. Deshalb möchte ich dich in diesem Kapitel einladen, dich herausfordern zu lassen.

Nicht jeder kann und will seinen Lebensstil so radikal umkrempeln wie das Team vom Biotop der Hoffnung oder der Bruderhof-Gemeinschaft. Aber vielleicht hörst du ja beim

Lesen ein immer lauter werdendes Flüstern, das dich zu neuen Abenteuern ruft? Lass Gott in dein Herz und dein Leben sprechen. Wage den Schritt aus deiner Komfortzone hinaus und lass dich von Gott überraschen!

Wie ein unsichtbares Netz

Stell dir vor, du stehst mitten in einem majestätischen Wald. Die Bäume, die dich umgeben, waren schon da, bevor du überhaupt geboren wurdest. Ja, manche von ihnen haben sogar Jahrhunderte überlebt. Sie zeugen von Krieg und Frieden, Feindschaft und Freundschaft, Hunger und Überfluss. Sie haben Stürme überstanden und üppige Jahre ausgiebig gefeiert. Sie haben Nachwuchs bekommen und auch den Tod hautnah miterlebt. Und sie haben geredet.

Natürlich nicht so, wie wir Menschen sprechen. Doch Bäume, das wissen wir dank moderner Forschung, können miteinander kommunizieren, und zwar nicht nur die Bäume einer Art, sondern auch die verschiedensten Baumarten. Sie alle sind miteinander über Mykorrhiza (Wurzel-Pilz-Geflechte) verknüpft: das „Wood Wide Web".[116] Sie warnen einander vor Fressfeinden und Gefahren, helfen sich mit Nährstoffen aus und, wer weiß, vielleicht erzählen sie sich in der Abenddämmerung Geschichten. Die Forstwirtin und Wissenschaftlerin Suzanne Simard spricht sogar von der Intelligenz der Bäume. Ein Begriff, der nicht zu weit hergeholt zu sein scheint, denn Bäume kommunizieren sogar über denselben Botenstoff, den auch wir in unserem zentralen Nervensystem besitzen, nämlich den Neurotransmitter Glutamat.[117]

Wie Suzanne Simard herausgefunden hat, gibt es im Wald auch sogenannte „Mutterbäume". Das sind die größten, ältesten Bäume, die besonders intensiv durch Mykorrhiza mit anderen vernetzt sind. Wenn ein junger Baum mit solch einem Mutterbaum verbunden ist, wächst er besser, erhält mehr Nährstoffe und hat eine höhere Chance zu

[116] S. W. Simard et al., Net transfer of carbon between ectomycorrhizal tree species in the field. In: Nature 388, 1997, S. 579–582.
[117] Vgl. Brian G. Forde/Peter J. Lea, Glutamate in plants: metabolism, regulation, and signalling. In: Journal of Experimental Botany 58 (9), 2007, S. 2339–2358.
[118] Vgl. E. Marris, It takes a wood to raise a tree: a memoir. In: Nature 594, 2021, S. 171–172.

überleben.[118] Der Wald lernt und versorgt, unterhält und hilft sich. Denn er weiß: In Gemeinschaft erreicht er mehr.

Auch wir Menschen sind geschaffen für Gemeinschaft (vgl. 1. Mose 2,18). Genau wie die Bäume oder wie jedes andere Lebewesen auf Erden sind wir auf ein soziales Netz angewiesen. Doch über die letzten Jahrzehnte sind, mal schleichend, mal ruckartig, immer mehr Risse in dieses soziale Netz gelangt.

Seit 1991 ist die Zahl der Einpersonenhaushalte in Deutschland um 46 Prozent gestiegen.[119] Unzählige zerbrochene Beziehungen und eine durchschnittliche Scheidungsrate von 43 Prozent in der EU tragen zu dieser Tragödie bei.[120] Wir leben in einer Gesellschaft, in der persönliche Sicherheit und die Macht, unabhängig Entscheidungen treffen zu können, mehr zählen als Gemeinschaft. Materialismus, Kapitalismus, Selbstliebe – all diese unbestreitbaren Trends haben ihren Tribut gefordert. Depressionen, Angstzustände und Einsamkeit haben zugenommen. Laut einer Studie ist das Gefühl von Einsamkeit gefährlicher für die Gesundheit als Rauchen oder Bluthochdruck![121] Insbesondere die COVID-19-Pandemie hat uns das noch mal schmerzlich vor Augen geführt. In unserem Leben fehlt etwas Gewaltiges, wenn wir nicht Teil einer stabilen, verbindlichen und liebevollen Gemeinschaft sind.

[119] Vgl. Statistisches Bundesamt, Pressemitteilung Nr. 272 vom 16. Juli 2019: destatis.de/DE/Presse/Pressemitteilungen/2019/07/PD19_272_122.html.
[120] Vgl. bpb.de/kurz-knapp/zahlen-und-fakten/europa/70518/scheidungen/.
[121] Vgl. N.K. Valtorta et al., Loneliness and social isolation as risk factors for coronary heart disease and stroke: systematic review and meta-analysis of longitudinal observational studies. In: Heart 102 (13), 2016, S. 1009–1016.

In unserem Leben fehlt etwas Gewaltiges, wenn wir nicht Teil einer stabilen, verbindlichen und liebevollen Gemeinschaft sind.

Der Preis für die Umwelt

122 Vgl. WWF Deutschland, Klimaschutz in der Beton- und Zementindustrie, Berlin, 2019, S. 8.

Dieser schwindende Gemeinschaftssinn hat auch unsere Erde einiges gekostet. Unsere Städte sind durch den zunehmenden Verkehr und Bauwahn verschmutzt und überfüllt. Jeder, der mal mitten im Berufsverkehr durch eine Stadt fahren musste, wird mir zustimmen. Zudem ist die Bauindustrie für 8 Prozent der weltweiten Treibhausgasemissionen verantwortlich – deutlich mehr als der globale Flugverkehr.[122] Viele Stadtkinder wachsen heutzutage entfremdet von der Natur auf, ohne jegliches Verständnis von Natur und Landwirtschaft. Das bleibt nicht ohne Auswirkungen auf unsere Wertschätzung für Gottes Schöpfung.

Wir bewegen uns von einem Lebensstil der Gemeinschaft und des Teilens fort, hin zu einem individualistischen Lebensstil, der sich in unseren vier Wände abspielt und sich um unseren Besitz dreht.

Ich habe einmal ein Gespräch mitangehört, in dem es darum ging, ob das zweite Kind der Familie auch ein eigenes Auto braucht – zusätzlich zu den schon bestehenden drei Autos innerhalb der Familie. Ich habe erwartet, dass es darum gehen würde, schneller oder bequemer zur Arbeit oder zu Freunden zu gelangen. Doch das Hauptargument überraschte mich: „Ich habe keine Lust, von jemandem abhängig zu sein."

Umweltschutz hat sehr viel mit Gemeinschaft zu tun. Weil uns Gemeinschaft fehlt, weil wir zunehmend individualistisch werden, konnte es zur Umweltkrise kommen. Wer beispielsweise tief drinnen kein erfülltes, großzügiges Leben in Verbindung mit der restlichen Schöpfung lebt, hat das Bedürfnis, immer mehr (materielle) Besitztümer anzuhäufen. Auch auf Kosten der Umwelt und ohne darüber nachzudenken, welche Auswirkungen solch ein Lebensstil auf unsere Mitgeschöpfe hat. Und so, wie mangelnde Gemeinschaft zum ökologischen Chaos führen konnte, können wir die Umweltkrise auch nur gemeinsam überwinden.

Herausgefordert von den ersten Nachfolgern Jesu

Im Jahr 2020 setzte ich mich – wie so viele – intensiver mit dem Thema Gemeinschaft auseinander. Meine Familie lebte damals verstreut auf zwei Kontinenten und in drei Ländern. Ich selbst war zwischen Deutschland, meinem Herkunftsland, und Kroatien, meinem Herzensland, hin- und hergerissen. Inmitten dieser chaotischen unsicheren Zeit kamen viele Fragen in mir auf: Was ist Heimat? Wo gehöre ich hin? Wie kann ich mehr Gemeinschaft leben? Da sprang mir eines Tages ein Text aus der Apostelgeschichte ins Auge.

> Alle, die zum Glauben gekommen waren, bildeten eine enge Gemeinschaft und taten ihren ganzen Besitz zusammen. Von Fall zu Fall verkauften sie Grundstücke

und Wertgegenstände und verteilten den Erlös unter die Bedürftigen in der Gemeinde. Tag für Tag versammelten sie sich einmütig im Tempel, und in ihren Häusern hielten sie das Mahl des Herrn und aßen gemeinsam, mit jubelnder Freude und reinem Herzen. Sie priesen Gott und wurden vom ganzen Volk geachtet.

Apostelgeschichte 2,44-47a

Wow. Ich war tief beeindruckt vom Leben der ersten Christinnen und Christen. Und sofort fragte ich mich: Wie könnte das in unserer heutigen Welt aussehen? In meinem Leben und meiner Umgebung? Ich möchte einige der Antworten, die ich damals gefunden habe, mit dir teilen.

Sharing is caring

Es war ein sonniger Tag im August. Kaum hatte ich den duftenden Johannisbeerkuchen auf meinem kleinen Wohnzimmertisch angerichtet, klingelte es auch schon an der Tür. Nach und nach trudelten meine Freundinnen bei mir ein – manche mit, manche ohne Kind. Jede hatte aussortierte Kleidungsstücke mitgebracht, und damit konnte unsere Kleidertauschparty auch schon beginnen. Während der Sohn meiner Freundin aus Nicaragua sich begeistert auf meine südamerikanische Hängematte stürzte, plauderten wir Frauen bei Kuchen und Tee, probierten Kleidungsstücke an und hatten jede Menge Spaß. Am Ende dieses Nachmittags ging jede von ihnen glücklich mit ihren schönen alt-neuen Kleidungsstücken nach Hause. Ganz nebenbei hatten wir nicht nur die Lebensdauer unserer Kleidung verlängert, sondern auch Ressourcen wie Land, Wasser, Dünger (für den Baumwollanbau) und Energie (durch das Wegfallen von Transport und Recycling) gespart. Alle übrig gebliebenen Kleidungsstücke gingen in einen Umsonstladen in der Nachbarschaft.

144

Heutzutage sieht man immer wieder Kisten mit der Aufschrift „Zu verschenken" auf dem Gehweg. Facebook-Gruppen, eBay Kleinanzeigen und Apps wie nebenan.de machen es zudem viel einfacher, gebrauchte Gegenstände wegzugeben. Was wäre, wenn Großzügigkeit und Achtung gegenüber der Schöpfung wieder ein Markenzeichen derer werden würde, die Jesus nachfolgen? Wie wäre es zum Beispiel mit einem fröhlichen Flohmarkt in deiner Gemeinde oder Nachbarschaft? Das könnte ein kleiner, hoffnungsvoller Anfang sein.

Weihnachten? International!

Ich muss zugeben, dass ein Weihnachtsfest, an das ich ganz besonders gerne zurückdenke, nicht im Kreise meiner Familie stattgefunden hat.

In diesem Jahr blieb ich an Weihnachten in Rostock, meinem Studienort, anstatt zu meiner Familie nach Kroatien zu fahren. Genau wie einige meiner internationalen Freundinnen und Freunde. Also taten wir uns zusammen und feierten bunt und international.

Es gab klassisch Raclette, aber mit Zutaten, die von den vietnamesischen und deutschen Freundinnen zusammengestellt worden waren. Später am Abend feierten wir unter Latinos und Deutschen Heiligabend auf südamerikanische Art: laute Musik und Tanz bis in die Nacht! Am nächsten Tag schloss sich ein japanisches Festessen an, mit dem wir unsere indischen Gäste bewirteten. Und auch der zweite Weihnachtsfeiertag und Silvester fanden um einen reich gedeckten Tisch mit lieben Menschen aus aller Herren Länder statt. Was uns dabei verband: spannende Gespräche, viel Gelächter, Dankbarkeit gegenüber Gott. Und natürlich: gutes Essen.

Gemeinschaft findet nun mal am häufigsten in der Küche und bei einem leckeren Essen statt. Dabei hat Gastfreundschaft sehr viel mit unserem Umgang mit Gottes Schöpfung zu tun. Wie es Miranda Harris, Mitgründerin der christlichen Naturschutzorganisation A Rocha, so wunderschön ausdrückte:

> Die Mahlzeit ist eine Gelegenheit für Verbindung. Es geht darum, die Zutaten einzukaufen oder anzubauen, zu versuchen, Entscheidungen zu treffen, die die Erde und ihre Bewohner ehren und sie nicht ausbeuten; es geht um Gottes Geschenk von Zeit und Ort. Die Vorbereitung, das Servieren, das Decken des Tisches und das Abräumen haben alle mit dem Umgang mit der Schöpfung zu tun, damit, Teil von ihr zu sein, mit ihr in Beziehung zu stehen. Wachstum braucht Zeit, ob es um Beziehungen geht, oder Gemüse. Deshalb ist es wichtig, sich gegenseitig in die Augen zu schauen und gemeinsam zu essen, zu pflanzen, zu wachsen, zu ernten, zuzubereiten, zu feiern und abzuräumen.[123]

Eine Studie der Universität Oxford fand heraus: Je häufiger wir mit anderen Menschen essen, umso wahrscheinlicher ist es, dass wir glücklich und zufrieden mit unserem Leben sind.[124]

Wenn wir unser Zuhause – zumindest für eine Mahlzeit – für andere öffnen und wenn die Zutaten für dieses Essen auch noch aus möglichst nachhaltigem Anbau stammen, dann wird der Himmel auf Erden buchstäblich spürbar. Köstlicher geht Hoffnung-Säen doch kaum, oder?

Das Schweizer Vorbild

Um Französisch zu lernen, verbrachte ich im Rahmen eines Schüleraustauschs fünf Monate in der Schweiz. Meine dortige Gastfamilie war mir in vielem ein Vorbild, aber eine Sache erstaunte mich besonders. Die (mit mir) achtköpfige Familie lebte in einer Wohnung im fünften Stock und besaß keine eigene Waschmaschine! Alle fünf Familien des Wohnblocks teilten sich einen gemeinsamen Waschraum mit Waschma-

[123] Übersetzt nach: Miranda Harris/Jo Swinney, A Place at the table, Hodder & Stoughton, London 2022, S. 9.
[124] Vgl. R.I.M. Dunbar, Breaking Bread: the Functions of Social Eating. In: Adaptive Human Behavior and Physiology 3, 2017, S. 198–211.

schinen im Keller. Jeder Familie war ein bestimmter Waschtag in der Woche zugeteilt worden. So ging also Umweltschutz und Einfachheit in einem der reichsten Länder der Welt.

Für viele von uns (und ich muss mich da an die eigene Nase fassen!) ist es inzwischen undenkbar geworden, ohne eigene Waschmaschine, eigene Küchengeräte oder ein eigenes Auto zu leben. Natürlich haben nicht alle die gleiche Möglichkeit, Geräte oder Gebrauchsgegenstände zu teilen. Aber sicherlich viel mehr, als wir es bis jetzt tun. Muss wirklich jeder Haushalt einen eigenen Rasenmäher besitzen, der die meiste Zeit des Jahres einfach nur rumsteht? Muss man für jede Autofahrt allein fahren oder könnte man auch noch Leute mitnehmen? Ja, das bedeutet manchmal, dass man sich von anderen abhängig machen muss. Und ja, es erfordert eine Portion Demut und einen Schritt weg vom modernen Individualismus. Aber seit wann ist die Nachfolge Jesu zu einem gemütlichen Sonntagsspaziergang geworden, bei dem sich alles um mich dreht?

Gehen wir noch einen Schritt weiter und stellen uns eine noch unbequemere Frage: Wie sieht es mit unserem Wohnraum aus? Braucht jeder von uns eine eigene große Küche, Wohnzimmer und Terrasse? Wie viel Platz – und damit Baumaterial und Ressourcen – brauchen wir wirklich? Einer der Hauptgründe, warum wir im Globalen Norden einen so großen CO_2-Fußabdruck haben, ist die große Fläche, die wir bewohnen. Falls du jemals deinen CO_2-Fußabdruck hast berechnen lassen, wirst du wahrscheinlich festgestellt haben, dass dort gewöhnlicherweise auch die Anzahl an Quadratmetern abgefragt wird, die du bewohnst.

Natürlich ist nicht jeder dazu berufen, in einem Tiny House oder einer Lebensgemeinschaft zu leben. Meine

> Seit wann ist die Nachfolge Jesu zu einem gemütlichen Sonntagsspaziergang geworden, bei dem sich alles um mich dreht?

Freundin Marianne hat sich zum Beispiel bewusst für eine etwas größere Wohnung mit Gästezimmer entschieden, denn ihr ist Gastfreundschaft sehr wichtig. So hat sie schon viele Menschen bei sich aufnehmen können. Und auch mir hat sie schon einige Male ein warmes Zuhause geboten. Dabei geht es um weit mehr als bloße physische Wärme. Es geht um einen Ort, an dem die Seele aufblühen und man authentisch sein kann.

Radikale Liebe

Ich möchte dich herausfordern: Wie viel Wohnraum brauchst du tatsächlich? Welche Räume könntest du vielleicht auch teilen? Welche Geräte oder Fahrzeuge könntest du mit deinen Mitmenschen gemeinsam nutzen? Wie könntest du anderen Raum geben, damit ihre Seele ruhen und aufblühen kann? Wo könntest du Raum für Begegnung schaffen und gemeinsame Aktionen für Gottes Schöpfung initiieren? Wie kannst du – vielleicht auch sehr unterschiedliche – Menschen um ein gemeinsames Ziel herum miteinander verbinden?

Ich weiß, das sind Fragen, die in unseren Ohren mitunter ein wenig unheimlich klingen können. Oft ist es einfacher, nur sein eigenes Ding zu machen. Auch ich muss mich immer wieder herausfordern lassen und meinen Lebensstil hinterfragen. Doch wenn wir durch dieses Leben als individualistische Einzelkämpferinnen und -kämpfer gehen, verpassen wir auch so einiges: zum Beispiel, von unseren Mitmenschen gesehen und angenommen zu werden. Und andersrum, unsere Mitmenschen wirklich zu sehen, zu ehren und zu lieben. Wir verpassen die Freude ehrlicher, einfacher, gegenseitiger Verbundenheit mit Gott und unseren Mitgeschöpfen.

Und gerade die Selbstbezogenheit ist es ja, die uns an den Rand eines Ökosystemkollaps gedrängt hat. Papst Franziskus ist überzeugt:

[125] *Papst Franziskus, Laudato si', 2015, Abschnitt 208*

Wenn wir fähig sind, den Individualismus zu überwinden, kann sich wirklich ein alternativer Lebensstil entwickeln, und eine bedeutende Veränderung in der Gesellschaft wird möglich.[125]

Ist es nicht an der Zeit, dass wir uns als Menschen, die Jesus nachfolgen, genau wie damals die ersten Christinnen und Christen wieder durch radikale, konkrete Liebe zu Gottes gesamter Schöpfung unterscheiden? „Sie [...] wurden vom ganzen Volk geachtet", heißt es in Apostelgeschichte 2,47. Haben unsere Mitmenschen Grund, uns für unseren Lebensstil zu achten? Was verleiht unserer Liebeserklärung an Gott und unsere Mitgeschöpfe ihre Glaubkraft?

Die Beispiele, die ich oben genannt habe, zeigen: Ja, es geht auch anders! Und vielleicht hast du beim Lesen auch Lust bekommen, das eine oder andere auszuprobieren. Womöglich entzündet die nächste Kleidertauschparty oder ein gemeinsames Essen bei dir sogar eine Hoffnungsflamme und eine Sehnsucht nach mehr – so wie es bei mir der Fall war. Dann lass uns beginnen und im Kleinen wie im Großen Hoffnung verbreiten: in unseren Familien, in unserer Nachbarschaft, in unseren Kirchen und in Gottes wunderschöner Schöpfung. Gemeinsam.

> Haben unsere Mitmenschen Grund, uns für unseren Lebensstil zu achten?

Und dennoch pflanze ich einen Garten

Da ist er wieder, dieser Duft. Der Duft von Heimat, irgendwo in der U-Bahn oder auf der Straße für einen kurzen Moment wahrgenommen. Eine Welle von Emotionen folgt ihm, löst etwas in mir aus.

Welche Düfte bedeuten für dich Zuhause? Stell dir für einen Moment den Duft vor, der dich an einen geliebten Ort zurückversetzt. Sind es bestimmte Pflanzen, ätherische Öle, die Tasse Kaffee, Parfüm, Waldduft?

Für mich ist es die salzige Meeresbrise, vermischt mit ätherischen Ölen von Kiefern an der kroatischen Küste. Oder der Duft des Hauses meiner Großeltern in Deutschland, die wir jedes Jahr in den Sommerferien besucht haben. Oder der Geruch von Fisch, den man freitags auf den Straßen Zagrebs riechen kann. All das weckt Heimat-Emotionen in mir. Düfte werden in unserem Gehirn im selben Bereich wie Emotionen verarbeitet, deshalb gehen sie uns so nah.[126]

Kennst du das Gefühl, heimatlos zu sein? Die Nostalgie, einen Ort zu vermissen? Hast du schon mal einen Duft im Vorbeigehen wahrgenommen oder eine Melodie aufgeschnappt, und plötzlich hast du dich in die Vergangenheit zurückversetzt gefühlt? Oder die Trauer empfunden, dein Zuhause und geliebte Menschen zurückgelassen zu haben? Vielleicht überkam dich während eines Auslandsaufenthalts zum ersten Mal eine Welle des Heimwehs. Vielleicht hast du nach einem Umzug deine alte Heimat vermisst. Vielleicht ist das Gefühl der Heimatlosigkeit auch dein Dauerbegleiter.

So ging es mir viele Jahre. Fünfzehn Adressen in vier verschiedenen Ländern in einem Zeitraum von fünfundzwanzig Jahren, das nagt irgendwann an der Seele. Ich bin als Deut-

[126] Vgl. A. Keller, Düfte als Emotionen. In: Entdecke das Riechen wieder, Springer, Berlin/Heidelberg 2019.

sche in Kroatien aufgewachsen. Zwischen zwei Kulturen, zwischen zwei Welten. Somit war ich innerlich jahrelang auf der Suche nach meiner Heimat. Als ich 2017 für mein Studium nach Rostock zog, kamen mir schon vor meiner Ankunft Gedanken wie: „Ich bin ja eh nur für ein paar Jahre hier – lohnt es sich dann überhaupt, mich hier einzurichten und zu investieren? Werde ich mich hier jemals wohlfühlen?" Plötzlich beneidete ich die Menschen, die ihr ganzes Leben an einem Ort gelebt hatten, ein geregeltes Leben führten und die Familie in der Nähe hatten.

Doch auch in Deutschland begegnete ich vielen Menschen, die heimatlos waren. Studentinnen, die sich nach einem aufregenden Auslandsjahr schwertaten, sich ganz niederzulassen. Migranten, die versuchten, sich in einem fremden Land zurechtzufinden. Lieb gewonnene Freundinnen und Freunde aus Lateinamerika, Rumänien, Indien und Vietnam, mit denen ich um kranke Familienangehörige bangte, internationale Weihnachten feierte und unbändige Freude spürte, wenn sie mir erzählten, wie sie nach Jahren ihre Familie und Freundinnen und Freunde wieder in die Arme geschlossen hatten. Menschen, die, genau wie ich, vor lauter Möglichkeiten nicht so recht wussten, wohin mit ihrem Leben. Und über allem schwebte die Frage: „Wo gehöre ich eigentlich hin?"

Hier und heute Wurzeln schlagen

Eines Tages las ich in der Bibel eine Geschichte, die meine Sichtweise komplett veränderte: Das jüdische Volk befand sich zu dieser Zeit in einer Situation, die meiner nicht ganz unähnlich war. Weit weg von zu Hause lebten sie in der für sie fremden Stadt Babylon. In diese Situation hinein schrieb der Prophet Jeremia folgenden Brief an das in Verbannung lebende jüdische Volk:

> Baut euch Häuser und richtet euch darin ein! Legt euch Gärten an! [...] Seid um das Wohl der Städte besorgt, in die ich euch verbannt habe, und betet für sie! Denn wenn es ihnen gut geht, dann geht es auch euch gut.
>
> *Jeremia 29,5.7*

Hier ist keine Rede von „Betet, dass ihr so schnell wie möglich wieder aus diesem Loch rauskommt!" Nein, lasst euch nieder und seid dieser Stadt ein Segen.[127] So ließ ich Gott nach und nach meine Sichtweise verändern und erlebte einiges Erstaunliches!

[127] Vgl. dazu auch den Artikel „Mangroventheologie" von Dave Bookless, der in eine ähnliche Richtung geht und mich inspiriert hat.

Mein Garten

In einem Sommer kam mir ein verrückter Gedanke: „Warum die Bibel nicht ganz wörtlich nehmen und einen Garten anlegen?" Ich wusste, dass ich im nächsten Sommer vermutlich schon nicht mehr in Rostock sein würde. Und dennoch entschied ich mich dazu. Ich holte mir die Erlaubnis von meiner Wohnungsgenossenschaft, ein Beet im Hinterhof mit Kräutern zu bepflanzen. Die Idee dahinter war, dass sowohl die Nachbarschaft als auch die umherschwirrenden Insekten einen Nutzen aus den blühenden Küchenkräutern ziehen sollten.

Aus dem einfachen Akt des Gärtnerns wurde eine neue geistliche Haltung: Ich bin hier, wo Gott mich gerade gepflanzt hat, und bin anderen ein Segen, wo auch immer ich kann. Auch wenn es nur für ein paar Monate oder Jahre ist. So entschied ich mich auch, gerade in dieser kurzen Zeit festes Mitglied in einer lokalen Kirche zu werden. Ich stieg in die Pfadfinderarbeit ein, selbst wenn es „nur" drei Jahre sein sollten, die ich darin investierte. Ich machte meine Wohnung zum gemütlichsten Ort der Welt und lud Leute zu mir ein. Ich las die Geschichte der Stadt nach. Ich lernte die Menschen dort kennen. Und plötzlich war ich glücklich, in Rostock zu leben!

Interessanterweise hatte auch Jesus ziemlich genau drei Jahre Zeit für seine weltbewegende Mission. Und auch wenn das Weltretten verständlicherweise sein Job ist, so kann ich ihn dennoch nachahmen in seiner Art, wie er auf der Erde gelebt hat. Jesus war nicht den ganzen Tag damit beschäftigt, Predigten zu halten und Menschen zu heilen. Er verbrachte täglich viele Stunden damit, einfach mit Gott zu reden. Wir lesen öfter davon, wie er mit Freundinnen und Freunden gemeinsam aß oder ein Fest feierte. Sein erstes Wunder – Wasser zu Wein – fand auf einer Hochzeit statt und förderte die Partylaune. Wo er auch ging, hinterließ er Spuren des Segens für alle um sich herum.

Das „Touristen-Syndrom"

Als ich mal wieder in Kroatien auf Heimaturlaub war, fiel mir noch ein weiterer Aspekt dieser Wurzellosigkeit auf, die sich, wie ich meine, in unsere Gesellschaft eingeschlichen hat.

Ich befand mich auf einer traumhaften Insel, umgeben von türkisblauem Meer und bewaldet mit duftenden, smaragdgrünen Kiefern. Gleichzeitig fielen mir am Strand die vielen leeren Bierdosen und Plastikbecher auf. „Klar, mit einem Ort, an den man nicht wirklich gehört, braucht man auch nicht so achtsam umzugehen. In ein paar Tagen ist man ja schon wieder weg", kam mir dabei in den Sinn.

Ich nenne es das „Touristen-Syndrom": Wenn wir keine tiefere Beziehung zu einem Ort haben, dann ist es uns auch nicht so wichtig, was mit den Menschen und der Umwelt dort geschieht. Was uns nicht gehört, das halten wir auch nicht so in Ehren wie unser Eigentum.

Dazugehören

Kann es sein, dass sich diese innere Haltung ein Stück weit auch auf unser alltägliches Leben ausgeweitet hat? Wir leben in einer Wegwerfgesellschaft, in einer Kultur, die sich nicht gerne festlegt und bindet. Wenn wir ehrlich sind, ist es nicht schwer, uns auch selbst in dieser Haltung zu erkennen – mich selbst eingeschlossen.

Wieso das Klima schützen, wenn mich die negativen Folgen des Klimawandels ja nicht mehr treffen werden? Wozu sich Sorgen machen um die bedrohte Vogelwelt? Schön, dass es Menschen gibt, die sich auch um so etwas kümmern, aber mich müssen solche Dinge nicht beschäftigen. Lohnt es sich, meine Zeit an Beziehungen, an Menschen, zu „verschwenden", von denen ich keinen Nutzen habe? Aber, wie der britische Theologe Dave Bookless in seinem Artikel „Mangroven-Theologie" schreibt, so sagt Gott uns eben nicht: „Keine Sorge, ich bringe euch bald nach Hause" oder „Eure Heimat ist im Himmel, kümmert euch nicht um euer Umfeld". Das sagte er auch den Israeliten nicht. Vielmehr wies er „sie an, Gärten anzulegen, [...] für das Wohl und den Frieden der Städte, in die er sie verbannt hatte, zu sorgen, und für diese zu beten"[128].

> Als Gäste in Gottes Schöpfung sind wir eingeladen, Wurzeln zu schlagen.

128 Ebd.

Wer keine tiefe Beziehung zu einem Ort und den Menschen hat, dem ist deren Wohlergehen egal. Das hat soziale wie auch ökologische Konsequenzen!

„Suchet der Stadt Bestes, [...] denn wenn's ihr wohlgeht, so geht's euch auch wohl" (Jeremia 29,7; LUT 2017). Das setzt voraus, dass wir unseren Wohnort angenommen haben und ihn lieben. Es bedeutet, dass wir ihn kennen, uns informieren und Gott fragen, was für ihn gut ist. Ob es sich um unser Stadtviertel, unser Land oder unseren Planeten handelt, als

Gäste in Gottes Schöpfung sind wir eingeladen, Wurzeln zu schlagen (vgl. 3. Mose 25,23b).

Wir dürfen den Reichtum der Welt genießen. Aber Gott hat uns auch die Verantwortung übertragen, den „Garten zu pflegen und zu schützen" (1. Mose 2,15). Er hat sich entschieden, uns hier „einzupflanzen" damit wir dort, wo wir sind, ein Segen sein können, in jedem Bereich des Lebens.

Alltagsheld Jesus

In alldem ist Jesus uns ein wunderbares Vorbild. Er hatte tiefes Mitleid mit den Menschen um sich herum, ließ sich bewegen von ihren Schicksalen. Gleichzeitig wusste er auch, wann es Zeit war, sich zurückzuziehen und in der Einsamkeit bei Gott zur Ruhe zu kommen. Er kannte die Kultur seines Umfeldes und war tief in ihr verwurzelt. Er las die heiligen Schriften und diskutierte gerne mit den jüdischen Gesetzeslehrern, grenzte sich in strittigen Fragen aber auch klar ab. Jesus hatte gute Freundinnen und Freunde, mit denen er immer wieder Zeit verbrachte, wie zum Beispiel Maria, Marta und Lazarus. Er konnte feiern und Gottes gute Gaben dankbar genießen, doch verschwendete er nichts davon. Als nach der Speisung der Fünftausend noch Essensreste übrig blieben, ordnete er seine Jüngern an, diese einzusammeln (vgl. Matthäus 14,13-21). Als Erinnerung an seinen Tod und seine Auferstehung hinterließ er uns Brot und Wein, die man ertasten und schmecken kann. Von Beruf war er ein bodenständiger Zimmermann.

[129] Papst Franziskus, Laudato si', 2015, Abschnitt 98.

„Jesus arbeitete mit den Händen und hatte täglich Kontakt mit der von Gott geschaffenen Materie, um sie mit seinem handwerklichen Geschick zu gestalten", schreibt Papst Franziskus in Laudato si', „Es ist auffallend, dass der größte Teil seines Lebens dieser Aufgabe gewidmet war, in einem einfachen Leben, das keinerlei Bewunderung erregte."[129]

Mit seinem Leben zeigte Jesus, was es heißt, verwurzelt zu leben und gleichzeitig mit den Augen des Himmels zu sehen.

Himmel auf Erden

Wenn wir Jesus als Vorbild nehmen und so wie er auf dieser Erde leben – verwurzelt und gleichzeitig auf den Himmel schauend –, dann können wir mit Stolz sagen: Wir sind ganz Himmelsbürgerinnen und -bürger, aber wir sind auch ganz

Erdenbürgerinnen und -bürger. Wir leben schon jetzt in der spürbaren Hoffnung auf die Auferstehung. Das Abendmahl kann uns dafür ein lebendiger Ansporn sein.

Indem wir tiefe Wurzeln schlagen, wo Gott uns gepflanzt hat, bringen wir ein Stück Himmel auf die Erde: durch Beziehungen vor Ort, durch Sorge für Gottes Schöpfung, durch geerdetes Gottvertrauen und durch unseren segensreichen Einfluss *an gerade diesem Ort*.

In den Wochen vor meiner endgültigen Rückkehr nach Kroatien arbeitete ich als Gärtnerin auf einem Gutshof nahe Rostock. Es war ein kalter, aber sonniger Frühling. Ich liebte es, die Tage an der frischen Luft in dieser idyllischen Umgebung zu verbringen. Ich beschnitt die alten Apfelbäume und hatte dabei eine perfekte Aussicht auf die friedlich grasende Schafherde auf der Weide nebenan. Ich pflegte den Kräutergarten des ehemaligen Klosteranwesens und pflanzte Hecken und Bäume. In meinem Herzen war schon wilde Vorfreude auf Kroatien, aber trotzdem war ich noch da, mit beiden Füßen auf dem Boden und den Händen in der Erde. Ich erinnere mich noch an das eigenartig schöne Gefühl, als ich auf der Streuobstwiese des Anwesens einen neuen Apfelbaum pflanzte. Während ich das Loch für das zarte Bäumchen ausgrub, dachte ich über die vielen Jahre nach, die vor ihm lagen. Ich würde sie nicht mehr erleben, würde keine Früchte von ihm kosten. Aber der Baum würde wachsen, Frucht tragen, vielleicht sogar hundert Jahre alt werden. Vorsichtig setzte ich den Apfelbaum in das Pflanzloch, drückte die Erde um ihn herum an, goss ihn kräftig und freute mich über ihn.

„Wer Bäume pflanzt, obwohl er weiß, daß er nie in ihrem Schatten sitzen wird, hat zumindest angefangen, den Sinn des Lebens zu begreifen", hat der bengalische Dichter und Nobelpreisträger Rabindranath Tagore einmal geschrieben.[130] In diesem Moment verstand ich intuitiv, was damit gemeint war. Auch wenn wir die Zukunft nicht kennen, so sollen wir jetzt und hier Hoffnungssamen säen.

130 *Zitiert nach: Conrad Amber, Bäume auf die Dächer, Wälder in die Stadt! Projekte und Visionen eines Naturdenkers, Franckh-Kosmos Verlags-GmbH & Co. KG, Stuttgart 2017.*

Auf unsere Wurzeln besinnen

Ich glaube, dass wir uns einiges von den indigenen Völkern abschauen können. Wir können wie sie unsere Umgebung kennenlernen und uns so wieder auf unsere Wurzeln besinnen. Diese Völker kennen und ehren ihr Heimat-Territorium. Sie wissen, welche Pflanzen essbar sind und welche eine heilende Wirkung haben. Sie entnehmen der Natur nur so viel, wie sich in einem angemessenen Zeitraum wieder regenerieren kann. Sie bauen ihr Essen mit Respekt für die Erde an, kennen die Namen der Tiere und Pflanzen um sich herum und können Wolken und Landschaften „lesen". Und sie wissen instinktiv, wenn ein Ökosystem aus dem natürlichen Gleichgewicht geraten ist.

In unserer modernen Gesellschaft ist uns viel von diesem traditionellen Wissen und Gespür für die Natur verloren gegangen. Doch es liegt an uns, diese Weisheit und Kenntnisse wiederzuerlangen. Zudem haben wie eine besondere Verantwortung den jüngeren Generationen gegenüber. Wachsen sie mit prägenden Erlebnissen in Gottes Schöpfung auf? Lernen sie die Namen der sie umgebenden Pflanzen mit der gleichen Selbstverständlichkeit wie die Namen der Straßen in ihrer Nachbarschaft? Geben wir ihnen ein tiefes Gefühl des Respekts und der Wertschätzung für Gott, für seine guten Prinzipien und für seine wunderschöne Schöpfung mit auf den Weg?

Eine Begebenheit ist mir hier in besonderer Erinnerung geblieben. Als Pfadfinder-Leiterin war ich mit einer Gruppe von Kindern und anderen Leitern im Wald unterwegs. Für die Stadtkinder ein wahres Abenteuer! Wir machten mittags Rast unter den alten Hainbuchen und Eichen. Gerade hatte ich den Kindern erzählt, warum für mich ein achtsamer Umgang mit der Natur so sehr mit meinem Glauben an Gott verknüpft ist, da stand plötzlich wenige Meter von uns entfernt ein Reh! Es blieb einige Sekunden stehen, als würde es uns durch seine überraschende und anmutige Anwesenheit eine wichtige Botschaft überbringen wollen. Selbst die lautesten Kinder waren plötzlich mucksmäuschenstill und schauten gebannt das wilde Tier an. So schnell wie der zauberhafte Moment gekommen war, so schnell war er auch schon wieder vorbei. Doch als ich auf dem Rückweg anfing, kleine Plastikverpackungen vom Boden aufzusammeln, starteten die Kinder spontan einen Wettbewerb: Wer sammelt am meisten Müll? Mit allerhand alten Flaschen, Plastikschnipseln und sonstigem Schrott beladen, verließen wir an diesem Nachmittag den Wald. Hinter uns blieb eine Segensspur zurück. Meine Hoffnung ist, dass die magische Begegnung mit dem Reh und die spaßige Müllsammelaktion den Kindern noch lange, lange im Herzen bleiben werden.

Aber auch wir Erwachsene brauchen solche hautnahen Begegnungen mit den Wundern der Schöpfung. Auf meinen Kräuterwanderungen durch Wälder, Wiesen und Parks genieße ich es jedes Mal, wenn Menschen ein Aha-Erlebnis haben. Ich sehe förmlich das Staunen in ihren Augen, wenn ich ihnen beispielsweise erzähle, dass ein Buchenkeimling bis zu achtzig Jahre braucht, um selbst Früchte zu tragen.[131] Unsere Seele sehnt sich danach, die Rhythmen der Natur zu erleben, die Faszination der Pflanzen-, Pilz- und Tierwelt zu entdecken, den goldenen Abendfrieden auf weiter Flur zu spüren.

Auch das ist ein Schlüssel für eine erneuerte Beziehung zu unserer Umwelt. Wie wäre es, wenn wir wieder anfangen würden, wie „Einheimische" zu leben? Indigene Völker rund um den Globus haben eines gemeinsam: Sie sehen die Schöpfung als ein Geschenk, nicht als ihr Eigentum. Wenn wir den Schöpfer ernst nehmen, dann können wir nicht anders, als alles um uns herum als ein Geschenk von ihm zu sehen und dieses für die kommenden Generationen zu bewahren.

Was wäre alles möglich, wenn wir uns wieder auf unsere Wurzeln besinnen und indigen leben würden – genau an dem Ort, an dem Gott uns gerade gepflanzt hat? Was wäre,

[131] Vgl. baumportal.de/Buche.htm.

132 Übersetzt nach Robin Wall Kimmerer, Brading Sweetgrass: Indigenous Wisdom, Scientific Knowledge and the Teachings of Plants. Milkweed Editions, Minneapolis 2015, S. 48.
133 Vgl. watersheddiscipleship.org/watershed-as-rabbi/.

wenn wir einen neuen Blick der Liebe für unseren Heimatort entwickeln und unseren Planeten wieder ehrfürchtig als Geschenk Gottes annehmen würden? Lass es uns ausprobieren und wieder verwurzelt in Gottes schöner Welt leben und ein Segen sein. Dafür braucht es Kopf, Herz und Hand, Körper, Geist und Seele. Und eine Sprache. Denn um an einem Ort heimisch zu werden, müssen wir lernen, seine Sprache zu sprechen. So drückte es mal Robin Wall Kimmerer aus.[132]

Vielleicht willst du mit der unscheinbaren, aber essbaren Pflanze namens Gundermann vor deiner Haustür anfangen? Oder mit einer heimischen, bedrohten Apfelsorte? Oder mit der erschöpften Familie im Nachbarhaus oder dem verschmutzten Fluss in deinem lokalen Wassereinzugsgebiet? Wie der senegalesische Forstwirt und Aktivist Baba Dioum es mal so schön ausdrückte, werden wir nur die Orte retten, die wir lieben. Doch wir können einen Ort nicht lieben, wenn wir ihn nicht kennen, und wir können ihn nicht kennen, ohne ihn kennengelernt zu haben.[133]

Auf Gottes Spuren

134 Zitiert nach: luther2017.de/martin-luther/geschichte-geschichten/luther-und-das-apfelbaeumchen/index.html.

Ich bin überzeugt: Wenn wir eine tiefere Beziehung zum Land unter unseren Füßen und den Menschen in unserer Nachbarschaft haben, führt uns das auch in eine tiefere Beziehung zu Gott. Denn Gott begegnet uns in den Fremden, den Durstigen und den Hungernden (vgl. Matthäus 25,34-46). Er hat uns eine Botschaft zu überbringen durch die Lilien auf dem Feld und die Spatzen auf dem Dach (vgl. Matthäus 6,26-30; Lukas 12,6). Wie Martin Luther einmal gesagt haben soll: „Wenn ich wüsste, dass morgen die Welt unterginge, würde ich heute noch ein Apfelbäumchen pflanzen."[134] Ich glaube, Gott freut sich über jedes einzelne Bäumchen. Er freut sich über das Apfelbäumchen auf dem Gutshof bei Rostock und über all die Bäume, die noch in Kroatien Wurzeln schlagen werden. Genauso wie ich!

Mein „Boden" soll dabei immer vorbereitet sein für neue Bäume, neue Beziehungen und neue Anfänge – an einem Ort, den ich Heimat nennen darf. Und sollte Gott mich umpflanzen, werde ich wieder neue, tiefe Wurzeln schlagen. Denn das Grundwasser – Gottes Gegenwart – ist an jedem Punkt der Erde gleich. Dann sind wir, wie der Psalmist so schön sagt, wie ein „Baum, der am Wasser steht; Jahr für Jahr trägt er Frucht, sein Laub bleibt grün und frisch" (Psalm 1,3b).

Gottes Königreich ist hier und jetzt!

Ein aufgeregtes Zwitschern ertönt aus einem Baum in der mosambikanischen Landschaft. Zwei junge Männer stupsen sich gegenseitig an und suchen mit ihrem Blick den Sänger. Zwischen den Ästen sitzt er: ein kleiner, braun-grauer Vogel. Würde man nach seinem unscheinbaren Aussehen urteilen, käme man nie auf seinen süßen Namen: Honeyguide. Der Vogel ruft aufs Neue, und die beiden Männer antworten mit einem „Brrr-hm". Schon fliegt der Honeyguide los. Die jungen Mosambikaner folgen ihm. Und damit beginnt eine abenteuerliche Wanderung durch die Hitze der Steppe.

Braun-, Grau- und Ockertöne verlaufen ineinander in dieser kargen Landschaft. Mehrere Kilometer folgen die Männer dem Vogel, der farblich fast mit seiner Umgebung verschmilzt. Dabei setzen sie ihren faszinierenden Dialog fort. Der Honeyguide ruft und sie antworten, um ihm zu signalisieren, dass sie ihm immer noch folgen. Endlich, nach einem langen Marsch, erreichen sie ihr Ziel. Ein Baum, auf den ersten Blick wie jeder andere. Doch nachdem die Männer den Stamm begutachtet haben, entdecken sie zuerst einen versteckten Hohlraum, dann einen Schwarm Bienen und dann die ersehnten Honigwaben. Geschickt steckt einer der beiden einen Räucherstab in den Stamm hinein, um die aufgebrachten Insekten zu beruhigen. Dann nimmt er die süßen Waben heraus. Inmitten der spärlichen Vegetation ist Wildhonig ein unglaublich kostbares, nährreiches Gut.

Der Honeyguide betrachtet das Geschehen mit Geduld, denn er weiß: Die Menschen werden ihn gebührend für seine Führung belohnen. Einer der Männer legt dem Vogel Honigwaben auf den Boden, denn er ernährt sich vom Bienenwachs. Allein könnte er sich jedoch nicht gegen die stechenden Insekten wehren. Der Honeyguide fühlt sich in der Gegenwart der Menschen sichtlich wohl, lässt sich sogar auf ihrer ausgestreckten Hand nieder. Eine Partnerschaft, die schon seit Menschengedenken andauert, wie Tausende Jahre alte Wandmalereien in Höhlen belegen.[135] Was für ein Festmahl für Mensch und Tier!

2016 untersuchten Forschende der Universitäten Cambridge und Cape Town dieses erstaunliche Zusammenspiel zwischen den Einwohnerinnen und Einwohnern mehrerer Teile von Afrika und den Honeyguides.[136] Und sie fanden heraus, dass die Wahrscheinlichkeit, Wildhonig zu finden, in Begleitung eines Honeyguides um ein Dreifaches höher war. Doch dazu müssen Mensch und Vogel miteinander kommunizieren. Benutzen die Menschen den seit Generationen weitergegebenen „Brrr-hm"-Laut, ist die Chance, vom Honeyguide geführt zu werden, doppelt so groß, als wenn sie wahllos irgendwelche Rufe benutzen würden. Interessanterweise unterscheiden sich die traditionellen menschlichen „Honig-Rufe" in verschiedenen Teilen Afrikas deutlich voneinander. Doch die örtlichen Vögel erkennen die Sprache „ihrer" Leute.[137]

Die Geschichte vom Honeyguide ist für mich ein faszinierendes Zeugnis dafür, was passieren kann, wenn wir mit der Schöpfung zusammenarbeiten. Partnerschaft und Ehrfurcht vor dem Leben zeigen erst, wie fruchtbar und reich unsere Welt für jeden sein kann. Leben in Fülle, ja im Überfluss!

Doch kennen wir überhaupt noch die Stimme unserer „Honeyguides"? Wissen wir, wie man im Einklang mit der Natur leben kann? Hören wir es, wenn der Heilige Geist uns aufruft, anders zu leben? Lassen wir uns noch von Jesus herausfordern, unseren Lebensstil in verschiedenen Bereichen zu überdenken? Oder ist der Lärm in und um uns herum schon zu groß?

135 Vgl. H. Pager, Rock paintings in southern Africa showing bees and honey hunting. In: Bee World 54 (2), 1973, S. 61–68.
136 Vgl. C. N. Spottiswoode et al., Reciprocal signaling in honeyguide-human mutualism. In: Science 353 (6297), 2016, S. 387–389; How honeyguide birds talk to people: youtube.com/watch?v=hGC4nGORqYI.
137 Vgl. cam.ac.uk/research/news/how-humans-and-wild-birds-collaborate-to-get-precious-resources-of-honey-and-wax.

Das Ende ist erst der Anfang

Wir sind nun fast am Ende unserer gemeinsamen Reise angekommen. Gemeinsam haben wir uns an unsere Aufgabe als Verwalterinnen und Verwalter der guten Schöpfung herangetastet. Seit Urzeiten ist es unsere Bestimmung, als Gärtnerinnen und Gärtner Gottes die Erde zu bebauen und zu bewahren.

Wir haben gesehen, dass uns im Kern Egoismus, Stolz und Gier von unserer wahren Bestimmung abhalten. Die Wurzel der Umweltkrise ist die Sünde. Gott aber gibt uns nicht auf. Ihm war und ist so sehr an seiner gesamten Schöpfung gelegen, dass er einen großen Erneuerungsplan entworfen hat.

Der liebende Schöpfer gibt uns Regeln für ein gutes, erfülltes Leben. Für unsere Beziehung zu Gott, zu uns selbst und unseren Mitmenschen und zur restlichen Schöpfung. Weil er aber weiß, dass wir nicht aus eigener Kraft nach ihnen leben können, schickte er seinen eigenen Sohn. Jesus, den Zimmermann, der gleichzeitig der Herr der ganzen Schöpfung ist. Jesus lebte nicht nur vor, was er predigte, sondern brachte auch durch seinen freiwilligen Tod die Sache zwischen uns und seinem Vater wieder ins Reine. Doch mit seinem Tod am Kreuz fing eigentlich alles erst an. Wie ein Same, der stirbt und dann zu neuem Leben erweckt wird.

Das Reich Gottes, von dem Jesus die ganze Zeit sprach, breitet sich seit seiner Auferstehung unaufhaltsam aus. Mal sichtbar, mal nicht so offensichtlich. Doch es hat Kraft! Die konkrete Erneuerung der gesamten Schöpfung wurde ins Rollen gebracht. Nicht nur für eine weit entfernte, verschwommene Zukunft, sondern schon hier und jetzt. Denn

> Erneuerung und Reich Gottes statt Hoffnungslosigkeit, denn Gott wirkt hier und jetzt durch uns!

164

das Reich Gottes, die Herrschaft Gottes, ereignet sich laut Jesus schon auf der Erde. Und als Menschen, die schon erlöst sind, so der Theologe N. T. Wright, sind wir dazu berufen, „ein Zeichen und ein Vorgeschmack auf das zu sein, was Gott mit dem gesamten Kosmos tun will. Mehr noch: solche Menschen sollen nicht nur Zeichen und Vorgeschmack jener endgültigen Erlösung sein; sie sollen Teil des Prozesses sein, durch den Gott diese Erlösung sowohl in der Gegenwart als auch in der Zukunft Wirklichkeit werden lässt."[138]

Erneuerung und Reich Gottes statt Hoffnungslosigkeit, denn Gott wirkt hier und jetzt durch uns! Und das mitten in der Umweltkrise, in die uns die Trennung vom Schöpfer und seinen guten Prinzipien gebracht hat.

Bevor du und ich weiter unserer Wege gehen, möchte ich mutig diese Fragen stellen: Wie leben wir nun als Nachfolgerinnen und Nachfolger Jesu, als Menschen der Hoffnung, in einer Welt, die uns wenig hoffen lässt? Wie sieht – hier und jetzt – dieses Reich Gottes aus?

[138] Tom Wright, Von Hoffnung überrascht, 2016, S. 230.

Mit Hand, Herz und Verstand

„Dein Reich komme. Dein Wille geschehe wie im Himmel so auf Erden" (Matthäus 6,10; LUT 2017). Täglich beten Millionen von Menschen das Vaterunser – vielleicht auch du. Ich bin mir sicher, dass dir beim Lesen der vorhergehenden Kapitel schon viele Ideen gekommen sind, wie dieses Gebet durch deinen Umgang mit Gottes Schöpfung vom Kopf in dein Herz und deine Hände und Füße wandern kann.

Vielleicht entwickelst du eine neue Leidenschaft für die Landwirtschaft und findest kreative Wege, nachhaltig oder gar regenerativ angebautes Essen zu kaufen. Oder du machst deine Hände selbst dreckig und beginnst zu gärtnern. Auch wenn es zunächst nur der eine Basilikum auf dem Fensterbrett ist. Möglicherweise engagierst du dich in der Politik oder einem Verein, setzt dich dafür ein, dass das Thema Schöpfungsbewahrung in deiner Kirche ernst genommen wird, oder betest regelmäßig für die Umwelt. Oder du wechselst zu einem Kaffee, der den Menschen, die ihn anbauen, Würde verleiht und ihre Umwelt aufblühen lässt. Du findest vielleicht Gefallen am Secondhandchic, reist anders oder weniger, reduzierst deine Wohnfläche oder lädst andere Menschen ein, Räume und Gegenstände mit dir zu teilen. Weniger Müll, mehr Zeit für Gott und Menschen, Verbundenheit mit deinem Heimatort, den lokalen Pflanzen, Tieren, Landschaften, der eine oder andere Same, der dich und die Insektenwelt mit seinen Blüten erfreut ... unserer Kreativität sind keine Grenzen gesetzt!

Wichtig ist, dass es dabei nicht um Perfektion geht, sondern darum, irgendwo anzufangen. Im Kleinen oder im Großen. So, wie du dich in dem Moment liebevoll von Gott gerufen fühlst. Nimm dir die Zeit und Ruhe, um auf ihn zu hören. Sprich mit anderen Menschen darüber. Aber gib vor allem der Stille Raum, um dich von Gottes Herz für seine

Schöpfung ergreifen zu lassen. Lass Gottes sanfte Stimme um dein Herz werben.

Hast du schon einmal Sauerteigbrot gebacken? Dann weißt du vermutlich, wie viel Zeit in dieses zauberhafte Hefe-Milchsäurebakterien-Gemisch gesteckt werden muss, bis man endlich ein duftendes Brot aus dem Ofen ziehen kann. Als ich nach einer längeren Sommerpause endlich mal wieder ein Brot backen, aber gleichzeitig auch an diesem Buch schreiben wollte, merkte ich beim Ansetzen des Sauerteig-Starters, wie ungeduldig ich war. Am liebsten hätte ich es schnell gehabt. Wir sind es heute gar nicht mehr gewohnt, dass Dinge viel Zeit brauchen, und können nicht mehr einfach nur sein. Während ich an diesem Tag jedoch meine Hände in den Teig sinken ließ und meine Musik genoss, spürte ich noch mal ganz intensiv, wie Gott zu mir sprach. Ich ließ mich neu von den traurigen Gesichtern bewegen, denen ich am Tag zuvor in der Straßenbahn begegnet war. Ich gab der Trauer und Ohnmacht in mir Raum. Und ich fragte Gott, was meine nächsten Schritte seien. Ja, manche Dinge brauchen einfach Zeit. Setze dich also bitte nicht unter Druck. Vielleicht hast du Gottes Stimme auch bereits gehört oder siehst ihn in deinen Mitgeschöpfen.

Ich bete, dass der Heilige Geist dich mutig macht und dir deinen nächsten Schritt zeigt. Ob beim Brotbacken, in der Straßenbahn, bei einem entspannten Spaziergang durch den Wald oder mitten im ganz normalen Alltag.

Hoffnung in der Umweltkrise

Hätte ich dieses Buch vor fünfzig Jahren geschrieben, wäre es an dieser Stelle möglicherweise fertig. Nun leben wir aber schon in einer Welt, die ökologisch vor dem Abgrund steht.

Ist es nicht schon zu spät, um irgendwas zu ändern? Was nützen unsere Bemühungen noch? Vielen ist das unruhige Gefühl der Enge im Brustkorb wohlbekannt. Angst und sogar Panik können unsere täglichen Begleiter sein, wenn wir die Zeitung lesen oder Nachrichten schauen. Liest man von den bis 2050 vorhergesagten zweihundert Millionen Umweltflüchtlingen, kann es einem schwer ums Herz werden.[139] Wer kann gleichgültig bleiben, wenn von steigenden Meeresspiegeln, Dürren, Trinkwasserknappheiten und Kriegen die Rede ist? Inzwischen braucht man schon gar keinen Fernseher mehr, um in Sorge über den Zustand unseres Planeten zu geraten. Immer heißere Sommer und unberechenbare Stürme können einen mehr als unruhig machen.

Als sehr sensible Person hinterlässt die Umweltkrise definitiv ihre psychischen Spuren in mir. Doch wenn Angst uns unsere Freude klaut, können wir sicher sein, dass sie nicht von Gott kommt. Im Angesicht realer Gefahren ist es ganz natürlich, Angst zu verspüren. „Eco-Anxiety" oder Klima-Angst breitet sich insbesondere in der jungen Generation aus.[140] Aber sie hat kein Recht, unser Leben zu beherrschen. Deshalb möchte ich dir noch ein paar praktische Tipps mit auf den Weg geben, wie du dir deine Freude wieder zurückklauen kannst und nicht ausbrennst auf deinem Weg mit Jesus.

[139] Vgl. M. B. Gerrard/G. E. Wannier, Threatened island nations, New York 2013.

[140] Vgl. A. Heeren et al., On climate anxiety and the threat it may pose to daily life functioning and adaptation: a study among European and African French-speaking participants. In: Climatic Change 173 (15), 2022.

Zärtlich schlafende Marienkäfer retten

Wenn die Sorge um unsere Erde dich lähmt, ist es oft das Beste, etwas zu tun. Egal wie klein und unbedeutend es erscheinen mag. Fermentiere Sauerkraut, statt den in Plastik abgepackten zu kaufen. Fahr mit dem Fahrrad statt mit dem Auto zur Arbeit. Ersetze einmal die weit gereiste Avocado durch den heimischen Apfel. Lade jemanden auf eine Tasse fair gehandelten Bio-Tee ein. Nimm eine Stunde lang kein Smartphone in die Hand. Pflanze einen Kopfsalat auf deiner Fensterbank.

Das mag im Angesicht des Ausmaßes der Krise lächerlich erscheinen. Aber es hilft. Zudem können wir uns sicher sein, dass vor Gott keine noch so kleine Liebestat wertlos ist.

Mein Opa pflegt seit Jahrzehnten eine kleine Apfelplantage hinter seinem Haus. In einer sonnigen Septemberwoche ernteten mein Vater, meine Cousine, ihr Mann und ihr kleiner Sohn und ich die Äpfel. Während ich die süßen Früchte von den Ästen pflückte, fielen mir immer wieder kleine Marienkäfer auf, die sich in die Mulde um den Apfelstiel schmiegten und scheinbar schliefen. Vorsichtig weckte ich die Käfer und setzte sie zärtlich auf einem Ast ab. Ich wollte nicht, dass sie in der Mostpresse oder im Lagerraum verendeten. Setzt man die paar Marienkäfer in Relation zum aktuellen erschreckenden Insektensterben, mag meine Aktion vollkommen sinnlos erscheinen. Doch mir gab sie Hoffnung. Und ich glaube, auch Gott freute sich daran (gut, die Blattläuse vielleicht weniger).

Blick der Angst und Ohnmacht trotzig ins Gesicht und geh deinen nächsten Schritt. Dann kann Hoffnung aufkeimen.

> Wenn die Sorge um unsere Erde dich lähmt, ist es oft das Beste, etwas zu tun.

Mit dem guten Hirten reden

Nichts kann mich so zur Ruhe bringen, wie auf einer Wiese zu sitzen und eine Schafherde zu betrachten. Schafe sind sehr schreckhafte Tiere. Erst, wenn sie sich ganz und gar sicher fühlen und sich satt gefressen haben, legen sie sich gemeinsam ins Gras. Während ich die Tiere beim Grasen und Lagern beobachte, legt sich auch die Unruhe in mir. Ich muss dann immer unweigerlich an den Psalm 23 denken:

> Der Herr ist mein Hirt; darum leide ich keine Not. Er bringt mich auf saftige Weiden, lässt mich ruhen am frischen Wasser und gibt mir neue Kraft. Auf sicheren Wegen leitet er mich, dafür bürgt er mit seinem Namen.
>
> *Psalm 23,1-3*

Ich beginne, mit Jesus, dem guten Hirten, zu reden. Mit dem Herrn der ganzen Schöpfung, durch den alles geschaffen wurde (vgl. Kolosser 1,16), der sich aber gleichzeitig um jeden Spatzen kümmert (vgl. Lukas 12,6). Wenn alles um uns herum düster erscheint und uns Zukunftsängste quälen, dürfen wir doch sicher sein: Da ist jemand, der *für* uns ist. Jesus ist der Leuchtturm, der Hoffnung und Ordnung, Weisheit und Licht in unseren dichten Nebel bringen möchte. Mich hat in einer unsicheren Zeit dieser Vers besonders angesprochen:

> Lass uns jeden Morgen spüren, dass du zu uns hältst, dann sind unsere Tage erfüllt von Jubel und Dank.
>
> *Psalm 90,14*

Vielleicht findest auch du im Gespräch mit dem guten Hirten und in den Psalmen Schätze, die dir für deinen Einsatz für Gottes Schöpfung Kraft geben.

Am reich gedeckten Tisch sitzen

Mein letzter Tipp mag im Hinblick auf den hoffnungslosen Zustand unserer Erde fast ironisch klingen. Aber ich glaube, dass genau hier der Schlüssel für wahre Hoffnung liegt. Feiere!

Angst, Sorgen und Wut sind zwar berechtigte Emotionen, wenn wir uns den himmelschreienden Ungerechtigkeiten der Umweltkrise bewusst werden, aber sie können uns auch leicht die Freude rauben oder uns verbittern lassen. Doch in diesem Zustand können wir all die schönen, heilen Beziehungen zu Gott, unseren Mitmenschen und der restlichen Schöpfung gar nicht mehr genießen. Und wir können auch nicht mehr so gut dienen und Gutes für Gottes Schöpfung tun.

Darum lass uns unsere Augen und Herzen nicht für all das Schöne und Gute verschließen, das uns noch geblieben ist. Lass es uns stattdessen feiern und genießen!

In einer Zeit, in der es mir körperlich und seelisch nicht gut ging, kam mir plötzlich der Gedanke, das Leben zu feiern. Ich war inspiriert von den vielen Feiern, die die Israeliten Jahr für Jahr begehen sollten (unter anderem auch vom Jubeljahr, von dem in diesem Buch schon die Rede war). Ja, mitten in all dem Schweren und Hoffnungslosen wollte ich feiern und das Gute zelebrieren.

Ich begann zu überlegen, wie ich mir selbst, anderen, und der Natur Gutes tun könnte. Bei den besten Feiern dreht sich nicht alles um uns selbst. Erst, wenn wir unsere Freude mit anderen teilen können, erleben wir vollkommenes Glück. Also stellte ich mir unter dem Motto „Feiern, Teilen und Erneuern" eine Liste voller Ideen für den kommenden Monat zusammen. Ich gönnte mir bei Kaffee und Kuchen eine Auszeit mit einem guten Buch in einem hübschen Café. Ich verschenkte selbst gemachte Pralinen. Ich lud meine besten Freundinnen und Freunde zu einem Pizza-Abend bei mir ein und jeder von uns belegte seine eigene selbst gemachte Sauerteig-Pizza. Ich ging spazieren und genoss bewusst Gottes majestätische Schöpfung. Ich verschenkte einige „Geschenke, die einen Unterschied machen".[141] Das sind Spenden, die konkrete Projekte der christlichen Naturschutzorganisation A Rocha unterstützen, wie beispielsweise Sand-Wasserfilter oder Obstbäume für Schulen in Uganda, Bienenstöcke für Landwirte in Kenia oder Aufforstungsprojekte in Peru oder dem Libanon.

Als der Fest-Monat vorüber war, war mir, als wäre der Nebel endlich gewichen. Meine Trauer hatte sich tatsächlich in Freude verwandelt. Ich konnte endlich wieder unbeschwert lachen und schreiben und hoffen. Und weil individuelles, kollektives und ökologisches Wohlergehen immer miteinander verknüpft sind, hinterließ das Fest sowohl für Menschen als auch für die Natur Spuren des Segens. Sozusagen ein Jubeljahr im Kleinen. Das war Hoffnung in Form von konkreten Taten der Liebe für mich und für alle, die mich umgaben!

Wie wäre es also, wenn wir uns wörtlich an Gottes reich gedeckten Tisch setzen würden – im Angesicht all des Schlimmen, das in der Welt passiert? Und wie wäre es, wenn wir dazu Freundinnen und Freunde, Nachbarinnen und Nachbarn, Bekannte und Vergessene, Große und Kleine einladen würden? Wenn wir uns in unserem Einsatz für Gottes Schöpfung auch selbst an ihr freuen würden? Am bunten Herbstlaub, an fröhlichen Spaziergängen, an köstlichem, liebevoll zubereitetem Essen …

Wie N. T. Wright in seinem Buch „Von Hoffnung überrascht" eindrücklich schreibt, haben wir als Menschen, die an die Auferstehung glauben, allen Grund zum Feiern.[142] An Ostern sollte Champagner zum Frühstück gereicht werden und die Wochen danach sollten von einer hoffnungsvollen Feststimmung geprägt sein.

Denn, so N. T. Wright, wir sind schon „neue Schöpfung" (2. Korinther 5,17). Wir sind „jene neue Schöpfung, die bereits in der Auferstehung Jesu begonnen hat und die vollständig sein wird, wenn Gott schlussendlich seinen neuen Himmel und

[141] shop.arocha.org/de

[142] Vgl. Tom Wright, Von Hoffnung überrascht, 2016, S. 270.

[143] Ebd., S. 258.

seine neue Erde erschaffen und uns auferwecken wird, um Anteil an der neuen Welt zu haben"[143].

Wenn das nicht Grund für Hoffnung und Freude ist?!

Eine leise Melodie

In einem Vorgarten der unübersichtlichen Millionenstadt Maputo, Mosambik, steht ein großer Baum. Jahr für Jahr trägt er Frucht und beherbergt in seinen Ästen die verschiedensten Vögel. Auch ein kleiner, grau-brauner Vogel sitzt auf einem Ast.

Er singt leise seine Melodie. Und hofft, dass die Menschen ihn hören werden.

Aber keiner kennt noch seinen Ruf. Autos fahren im Sekundentakt vorbei, Menschen gehen geschäftig ihrer Wege. Keiner sieht und hört den Honeyguide, der doch solch süßen Honig verspricht. Wer wird seinem Rufen antworten, wer wird ihm als Mitgeschöpf begegnen und ihm zu den Honigwaben folgen?

Heute leben auch in Afrika immer mehr Menschen in der Stadt. Fernab von der traditionellen, ländlichen Umgebung ist das Wissen um den Honeyguide vielen abhandengekommen. Und so singt der Vogel vergeblich.

Er wartet, dass die Menschen wieder ihrem ursprünglichen, seit Urzeiten bestehenden Ruf folgen. Dass sie ihre von Gott gegebene Identität als Gärtnerinnen und Gärtner, als Hüterinnen und Hüter der Schöpfung wieder annehmen. Dass Friede herrscht zwischen Vögeln und Menschen, Feldern und Tieren, dem Schöpfer und seiner Schöpfung.

Ja, der ganze Kosmos wartet sehnsüchtig auf den Tag, an dem er endlich wieder aufatmen kann. An dem Unrecht ein Ende nimmt und Gottes Kinder in Harmonie mit der Natur leben. An dem alle Beziehungen – zwischen Gott, Menschen und der restlichen Schöpfung – erneuert werden. An dem der

Boden unter unseren Füßen wieder als Quelle des Lebens geachtet und umsorgt wird. An dem wir den Geist Gottes, der in uns lebt, deutlich wahrnehmen und auf sein Werben hören. An dem wir Jesus als den Herrn der ganzen Schöpfung preisen. An dem Ozeane voll Leben statt voll Plastik und Wälder voll Gesang statt voll Smog sind. An dem kein Lebewesen mehr versklavt und ausgebeutet wird. An dem die Schöpfung ruft und die Menschen in ihrer gottgegebenen Verantwortung antworten. Aus Liebe zu dem, der alles ins Dasein gerufen hat.

Hörst du diese leise Melodie?

Freuen dürfen sich alle, die danach hungern und dürsten, dass sich auf der Erde Gottes gerechter Wille durchsetzt – Gott wird ihren Hunger und Durst stillen.

MATTHÄUS 5,6 (GNB)

Epilog

Heute ist ein regnerischer Dezembermorgen, aber im Geiste bin ich wieder in diesem sonnigen, verwunschenen Olivenhain vom Anfang unserer Reise. Ich muss daran denken, dass ich nichts dazu beitragen kann, dass aus dem Samen ein Baum, aus der Blüte eine Frucht wird. Aber ich kann sehr wohl meinen Auftrag als Gärtnerin in Gottes Schöpfung wahrnehmen. Und ich kann dankbar seine guten Gaben genießen und das Leben feiern.

Mein Wunsch ist es, dass dich dieses Buch herausgefordert und dir neue Hoffnung gegeben hat. Denn Hoffnung brauchen wir heute dringender denn je.

Werden wir es noch rechtzeitig schaffen, den Zustand unserer Erde umzukehren? Ich weiß es nicht. Aber was ich weiß, ist, dass wir selbst die Welt nicht retten können. Jesus ist der wahre Retter. Doch je mehr wir auf ihn schauen, umso mehr wird in uns der unbändige Wunsch aufsteigen, im Einklang mit der Schöpfung zu leben, als Gottes Partnerinnen und Partner in der Erneuerung seiner wunderschönen Welt. Aus Liebe zu ihm, der alles ins Leben rief.

Ich ermutige dich, Gott heute zu fragen, was dein Beitrag zur Lösung der Umweltkrise ist, und dann mutig zu handeln. Das Wunder, das Übernatürliche, dürfen wir voller Hoffnung und Vertrauen unserem Schöpfer überlassen.

Lass uns also unsere Samen der Hoffnung in die Hände nehmen und großzügig ausstreuen.

Machst du mit?

*****

Unsere gemeinsame Reise ist hier nun vorerst zu Ende. In diesem Buch habe ich bewusst nur allgemeine Anregungen gegeben, und ich möchte dich ermutigen, für deinen lokalen Kontext Wege zu finden, diese umzusetzen. Doch wenn du dir konkretere Ideen wünschst, habe ich für dich ein E-Book mit zwölf Wegen für einen nachhaltigen Umgang mit der Erde geschrieben. Dort findest du praktische Tipps, wie du mit deinen Möglichkeiten helfen kannst, eine Landwirtschaft nach Gottes Herzen zu gestalten.

E-Book

bit.ly/hoffnungssamen

Und wenn du weiterhin Hoffnungssamen von mir bekommen möchtest, dann lade ich dich ein, meinen Newsletter zu abonnieren. Dort zeige ich dir, wie du im Einklang mit der Schöpfung leben und Hoffnung für Gottes Erde aussäen kannst. Ich freue mich, dich bald dort begrüßen zu dürfen! Und natürlich kannst du mir auch jederzeit direkt unter naomi@plentiful-lands.com schreiben.

Newsletter

bit.ly/naomibosch

Danksagung

Mein Dank gilt zuerst meiner Familie, die mich schon von klein auf in meiner Liebe zum Schreiben und zur Natur ermutigt hat. Aus meiner Naturverbundenheit wurde durch den Kontakt mit der christlichen Naturschutzorganisation A Rocha eine fundierte Leidenschaft für die Bewahrung der Schöpfung – danke an all die wunderbaren Menschen, die ich dadurch über die Jahre kennen- und schätzen gelernt habe.

Mein Dankeschön gilt auch Anna Müller, die dieses Buch initiiert hat, sowie meinen Interviewpartnerinnen und -partnern, die durch ihre Geschichten und Expertise dieses Buch bereichert haben.

Zuletzt möchte ich meinen lieben Freunden danken, deren Feedback zum Buch und Unterstützung im Schreibprozess mir viel bedeutet haben: Lina, Ksenija, Friederike, Kathy, Friedhelm und Hannelore. Danke!

Darius Götsch

Im Wald

Die Weisheit der Schöpfung
für unser Leben entdecken

Entdecke Gottes Schöpfung und erlebe geistliches
Wachstum! Diplom-Forstwirt Darius Götsch erklärt die
erstaunlichen Mechanismen des Waldes und verbindet
sie mit unserem Leben. Er zeigt, was wir von Gottes
Schöpfung lernen können, damit unser Leben Frucht
bringen kann.

Gebunden, 15 × 21 cm, 256 Seiten
Nr. 396.086, ISBN 978-3-7751-6086-5

e Auch als E-Book

SCM
Hänssler

Tony Rinaudo

Unsere Bäume der Hoffnung

Wie ein Mann die Wunder der Schöpfung nutzbar macht, um den Hunger zu besiegen

Tony Rinaudo entdeckte das Wunder, dass die Wurzeln ehemals gerodeter Bäume in Wüstenregionen unterirdisch immer noch lebten. Und dass diese Bäume „wiederbelebt" werden können. Ein einmaliges Zeugnis über ökologisches Engagement, Nachhaltigkeit und Klimaschutz, motiviert durch den Glauben.

Klappenbroschur, 13,5 × 21,5 cm, 288 Seiten
Nr. 396.162, ISBN 978-3-7751-6162-6

e Auch als E-Book

SCM
Hänssler